Ma meilleure amie
Charlie da Silva
Clara Carpentier
Petite sœur de
Chanel da Silva
Ma maman
Nadège Carpentier
Aime les recettes indiennes ayurvétruc
Philippe Carpentier
(J'en parlerai plus tard)
Esther la tortue
Mon papa
Prof

Alice Pantermüller

Daniela Kohl

Clara Catastrophe

Des lapins partout !

SASSI

Alice Pantermüller

Petite, déjà, Alice Pantermüller voulait devenir maîtresse ou écrivaine. Après avoir réussi le concours de professeur des écoles, elle a été assistante linguistique en Écosse, puis elle a suivi une formation de libraire. Aujourd'hui, elle habite avec sa famille la lande de Lunebourg. Ses séries de romans pour la jeunesse l'ont fait connaître dans le monde entier.

Daniela Kohl

Daniela Kohl est passionnée de dessin : enfant, déjà, elle vendait les siens à ses camarades de classe ainsi qu'à ses tantes et à son papi. Après ses études de graphisme, elle s'est lancée en 2001 dans une carrière d'illustratrice freelance. Elle habite sous les toits de Munich avec son compagnon, leur chien et leur tortue.

Alice Pantermüller

CLARA CATASTROPHE

Des lapins partout !

Illustré par Daniela Kohl

Traduit de l'allemand par Marion Roman

SASSI

Pour Emma qui a, depuis bien longtemps déjà,
payé un euro pour « son livre ». ♡

MIXTE
Papier issu de
sources responsables
FSC® C111834
FSC www.fsc.org

Auteure : Alice Pantermüller
Titre original : *Mein Lotta-Leben: Alles voller Kaninchen*
Illustrations : Daniela Kohl

www.arena-verlag.de
Cet ouvrage a été proposé à l'éditeur par l'agence
EDITIO DIALOG (www.editio-dialog.com)

Pour l'édition française

Viale Roma 122/b
36015 Schio (VI) - Italie

Direction éditoriale : Ester Tomè, Luca Sassi
Adaptation graphique : Nadia Fabris
Traduction : Marion Roman

Loi 49/956 du 16/07/1949 sur les publications
destinées à la jeunesse. Dépôt légal : 2ème trimestre 2021.

Imprimé en Italie.

VENDREDI 3 SEPTEMBRE

YOUPI !!! Aujourd'hui, je suis entrée en sixième ! À partir de maintenant, finie l'école primaire : je vais au Collège Prosper Périmée !

J'ai attendu ce moment tout l'été.

Ce matin, folle d'impatience, j'ai enfilé ma plus belle robe, celle avec les manches à petits trous comme dans les moustiquaires.

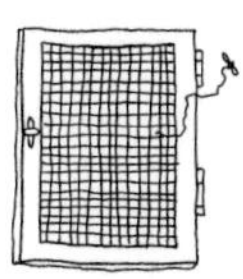

En plus joli, bien sûr !

Maman  m'a accompagnée à la réunion d'information.

Papa  n'a pas pu venir. Normal : il est prof ! Pour lui aussi, c'était la rentrée.

D'abord, la principale a fait un looooong discours, puis l'orchestre du collège nous a joué un morceau. Une *petite berceuse de nuit* ou un truc comme ça.

Ensuite, les élèves ont été répartis dans les différentes classes. Moi, je suis en 6b, comme Charlie ! **OUF !** ☺

Charlie, c'est ma **meilleure-amie-de-la-vie** depuis la maternelle.
Pourquoi ?

1. Parce qu'on aime les mêmes **jeux**.
Comme « le cimetière », par exemple. La règle est simple : on prend Chanel, la petite sœur de Charlie, et on l'enterre dans le bac à sable.

2. Parce qu'on a le même **sens de l'humour**.
Une fois, chez Charlie, on a vu quelqu'un jeter une télé du dernier étage de l'immeuble.
On était mortes de rire !

3. Parce que Charlie **n'a peur de rien** et qu'elle est culottée (moi, je m'entraîne encore).

4. Parce qu'on a les mêmes goûts !
On est toutes les deux fans de **tartines biscottes + beurre de cacahuètes + chips**. Mais bon, Charlie, c'est un ventre sur pattes...

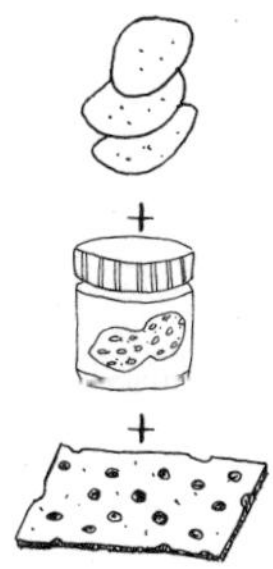

5. Parce qu'elle sait garder un **secret**. Charlie n'a jamais dit à personne qui avait glissé le ver de terre dans le sandwich de Mme Beauchamp (ça lui apprendra à critiquer mon beau dessin !).

6. Parce que, comme moi, Charlie adoooooore les **animaux** !

C’est pour ça qu’il fallait à tout prix qu’on soit dans la même classe. De toute façon, si on nous avait séparées, j’aurais fait la grève du collège. 

Notre prof principale nous a conduits jusqu’à notre salle de classe. C’est une petite brune à lunettes et aux cheveux hyper courts qui regarde tout le monde d’un air sévère.

Avant de nous laisser nous asseoir, elle nous a fixés durement par-dessus la monture de ses mini lunettes.

Le silence s’est fait comme par enchantement. « **Je m’appelle Gisèle Duprout** » nous a-t-elle annoncé sans nous quitter des yeux.
Dans la classe, personne n’a fait de commentaire.
« **Comme on ne se connaît pas encore, je préfère vous le dire tout de suite : le premier qui fait**

une blague sur mon nom de famille mourra dans d'atroces souffrances. »

On était pétrifiés.

Sauf Charlie. Charlie, elle a pouffé. « Hihihi ! »

--→ La prof lui a collé cinq minutes de retenue et des lignes à copier.

Et dire que ce n'était que notre **premier** jour au collège Prosper Périmée !

En plus, en ce moment, Charlie a le bras dans le plâtre. Elle ne peut même pas écrire !

On s'est donné des coups de coude et Charlie a fait semblant de vomir.

Mais discrètement, pour ne pas que Mme Duprout nous voie.
Résultat : on ne s'est pas rendu compte tout de suite qu'on avait enfin le droit de s'asseoir !
D'un seul coup, tout le monde s'est mis à courir.
Charlie et moi, on a foncé. On voulait à tout prix la table près de la fenêtre.
Au dernier rang, bien entendu !

Deux garçons étaient en train de s'y installer, mais Charlie a **montré les dents** et ils ont déguerpi sans demander leur reste.

Au fond, contre le mur, cinq ou six garçons se disputaient la même table.

Mme Duprout s'est fâchée **tout rouge** et les a dispersés aux quatre coins de la salle.

Les garçons ont obéi sans moufter. Le calme est enfin revenu et on s'est tous tournés vers le tableau.

Au premier rang, une fille était assise toute seule.

Une blonde aux cheveux longs et au petit nez hautain. Elle portait des vêtements de marque.

Charlie n'a plus rien dit jusqu'à la sonnerie. Elle s'est contentée de gribouiller des lapins dans son cahier neuf (ils ressemblaient à des amibes, parce que Charlie ne dessine pas très bien de la main gauche).

Pendant ce temps-là, Mme Duprout se démenait pour qu'on participe à son jeu-pour-faire-connaissance. Peine perdue ! Plus personne n'osait prendre la parole.

Enfin, la cloche a sonné et toutes les filles se sont attroupées dans la cour.
À part Charlie, je ne connaissais que deux filles qui étaient dans ma classe l'an dernier.
C'est tout.

Aussitôt, tout le monde a encerclé la blonde hautaine. Même moi, j'en avais envie, alors que le kaïtseurfe, je ne sais même pas ce que c'est !

Charlie l'a interrompue. Elle a rétorqué qu'elle, elle avait passé l'été à la piscine municipale...

Sur ce, elle a montré son plâtre à tout le monde.

Moi, je me suis bien gardée de raconter mes vacances. Cet été, mes parents avaient loué une maison au Danemark.

Mais, au Danemark ou ailleurs, c'est partout pareil avec ma famille. JE VOUS JURE.

Prenons ce midi, par exemple. Avec ma famille, on est allés au restaurant pour fêter l'événement (ce n'est pas tous les jours qu'on entre au collège !). Comme c'était ma journée, j'ai eu le droit de choisir le restau. Et j'avais envie d'une pizza.

Aussitôt, papa a bougonné qu'il voulait nous inviter au restaurant grec. Tout ça parce qu'il est accro aux beignets de calamars ! Mais comme c'était MA rentrée au collège Prosper Périmée, et pas celle de papa, on est allés à la pizzeria. ☺

Mes frères piaillaient de joie et me donnaient de grands coups d'armes intergalactiques dans le dos.

Je crois que c'était leur façon de me remercier, mais ça ne m'a pas empêchée de riposter !

Mes frères s'appellent Elio et Abel. Ils ont huit ans et ils sont **jumeaux**. En matière de petits frères, les jumeaux de huit ans, c'est ce qu'il y a **De pire au monDe !**

Dans la voiture, je dois toujours m'asseoir au milieu pour les séparer.

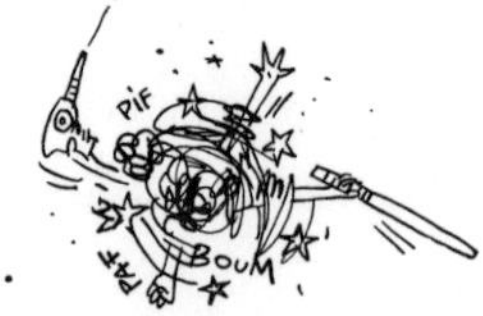

Sauf que ça ne les empêche pas de se bagarrer. Et qui s'en prend plein la figure ? Moi, bien sûr.

Bref ! Pendant tout le trajet, dès qu'il y avait une bosse sur la chaussée, je me retrouvais avec un sabre-laser dans le nez ou un Blaster dans l'oreille.

Franchement, je crois que papa prenait les bosses exprès.

Mais je m'en fichais. Je ne pensais qu'à ma pizza ! En ce moment, maman ne cuisine que des plats indiens, des ragoûts bizarres avec des pois chiches et des carottes au curry.

J'ai choisi une pizza au salami. Mes frères m'ont tout de suite copiée. Papa a commandé… des beignets de calamars.

Et un verre de vin grec aux arômes délicats de sapin arrosé de pipi de sanglier.

C'est à ce moment-là que, d'un coup de sabre-laser, Abel a renversé la grosse bougie qui décorait notre table. Il ne l'a pas fait exprès…

Mais papa était **furieux**. Et quand il est **furieux**, tout le monde en prend pour son grade.

D'abord, il s'en est pris à maman. « Tu veux bien arrêter de sautiller comme ça sur ta chaise ? Ça me rend marteau ! » lui a-t-il lancé d'un ton sec.

Maman **CHEVROTAIT** un peu.
Normal : elle sautillait à fond sur son coussin.

Papa a gémi. « Ne me dis pas que tu t'es encore acheté un de ces trucs débiles vus à la télé ! La fontaine d'intérieur avec pompe et lumière, ça ne te suffisait pas ? »

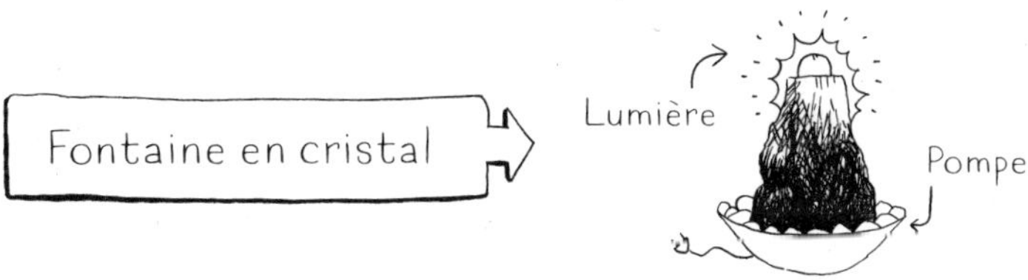

Maman ne lui a pas répondu. Moi, je n'ai pas pu m'empêcher de glousser. Si papa savait tout ce que maman achète quand il a le dos tourné ! Comme, par exemple :

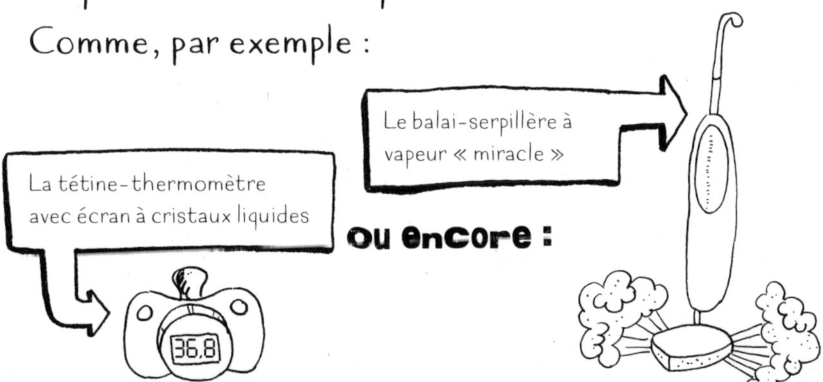

Le serveur est arrivé avec nos plats. Je pensais qu'on allait enfin être tranquilles. Pour détendre l'atmosphère, j'ai lancé : « Les beignets de calamars, on dirait des **anus de cachalots** ! »

Mais papa devait vraiment être de mauvais poil, parce qu'il n'a pas ri à ma blague.

C'est alors qu'Elio a renversé tout son sirop sur ma pizza. Maman a bondi de sa chaise et s'est mise à la tamponner avec nos serviettes en papier imprimées de drapeaux italiens. Ça n'a pas très bien marché. Après, ma pizza, c'était de la bouillie. Comme ce qu'il restait de nos serviettes vert-blanc-rouge.

Puis, pile quand on commençait à passer un bon moment, Abel a balancé une part de pizza dans le verre de pipi de sanglier de papa. Par accident, bien sûr. Le verre s'est renversé.
Plouf ! En plein sur les beignets de calamars.

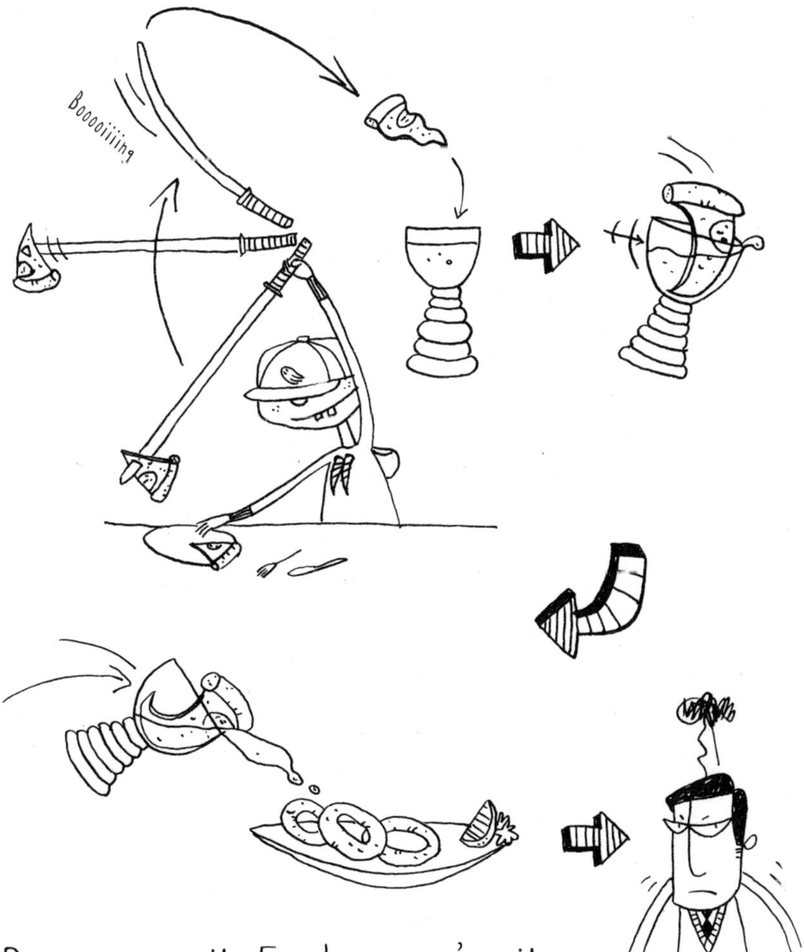

Papa enrageait. En plus, on n'avait plus de serviettes pour éponger le vin.

De toute façon, maman n'aurait rien pu faire pour lui, parce qu'elle s'était trompée de bouton sur la télécommande de son coussin de massage.

Je crois qu'elle était un peu **stressée**. Son coussin aussi. En tout cas, elle s'est mise à rebondir comme une folle sur son coussin dans un boucan de tous les diables. Dans le restaurant, on était devenus le centre de l'attention. Un petit garçon nous a même montrés du doigt.

Moi, j'ai choisi ce moment pour réclamer une glace.

De retour à la maison, maman m'a annoncé qu'elle avait un cadeau pour moi en l'honneur de mon entrée au collège. Toute ma **bonne humeur** est revenue d'un coup !

Maman faisait plein de mystères. Apparemment, elle avait déniché pour moi un objet très spécial dans une petite boutique indienne.

« J'étais allée m'acheter de l'huile de massage ayurvédique.

Et des pastilles Pan Parag pour assainir les gencives et purifier l'haleine.

Et des pois chiches grillés Haldiram. »

Moi, j'étais de plus en plus **impatiente**. Mais soudain, j'ai ressenti comme un malaise. 
En déballant mon cadeau, j'avais même un peu la nausée.

C'était... une **flûte à bec**. - - - →

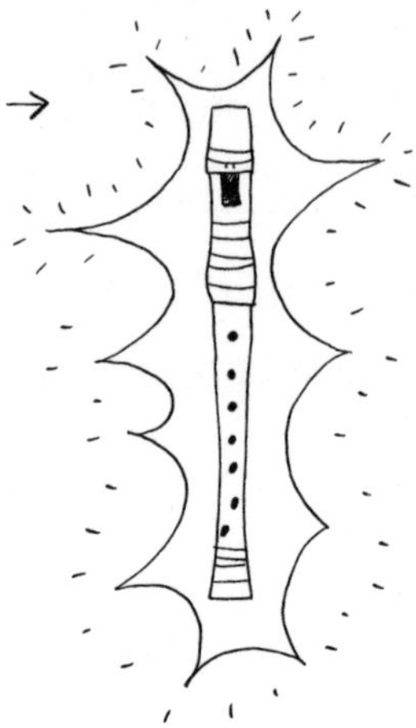

Petite précision : je suis la **PIRE** joueuse de flûte à bec du monde entier.

Je suis née amputée du gène de la **flûte à bec**.

Pour moi, toutes les notes sont pareilles : **striDentes** et **aGressives**.

En trois ans de cours, j'ai découragé pas moins de **SEPT PROFS DE FLÛTE À BEC**.

1. MME ACKERMANN. A subitement perdu l'ouïe et a été obligée de prendre sa retraite.

2. MME HUPPERT. A disparu sans crier gare.

3. M. ROUGEMONT. A soudain fait l'acquisition d'un rottweiler et d'un écriteau

Attention, chien méchant.
Défense absolue d'entrer.

4. MME DEPIERRE. A changé de métier (elle vend désormais du poisson chez Granprix).

5. MME BARBIER. M'a envoyée chercher un goupillon à la cave, puis m'y a enfermée à clé. Heureusement, j'ai réussi à sortir par le soupirail !

6. MME GEORGETTE. A déménagé en Nouvelle-Zélande.

7. MME HOLZINGER. A cessé de venir du jour au lendemain. Pas grave : de toute façon, je ne comprenais rien à ce qu'elle racontait à cause de son accent autrichien.

Bref : je Déteste la flûte à bec !

J'aurais nettement préféré un chien, par exemple. Ou un mini mouton.

Ou n'importe quel animal de compagnie. C'est mon rêve d'en avoir un !

Il faut absolument que j'explique tout ça à maman avant mon entrée au lycée. Pour elle aussi, c'est dommage : elle doit être déçue que son cadeau ne me plaise pas. À mamie Ingrid aussi, il faudra que je lui explique deux ou trois trucs.

C'est elle qui m'a offert ce carnet, avec une carte qui disait : « Tu pourras lui confier tous tes secrets ! »

Elle croit que je n'ai pas de meilleure amie, ou quoi ?

Le soir, je voulais regarder ma série préférée, ------> mais maman m'a dit :

Alors qu'il était sept heures dix et que le générique AVAIT DÉJÀ COMMENCÉ !

Mais maman a fait sa tête de **« on-ne-discute-pas »**.

Cette tête, je la connais bien.

Je me suis donc installée devant la télé et j'ai testé ma nouvelle flûte. Franchement, elle sonnait aussi faux que l'ancienne.

Shelly et Ashley remuaient les lèvres mais je n'entendais pas les dialogues.

Alors, j'ai essayé de jouer mon morceau à toute vitesse pour m'en débarrasser en trois minutes chrono.

Et là, il s'est produit un phénomène étrange. La télé s'est mise à grésiller et à clignoter... et pouf ! Les -->

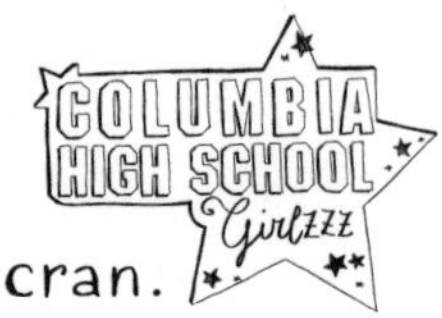

ont disparu de l'écran.

Un vieux papi avec une cravate moche avait pris leur place. Près de son oreille gauche, on pouvait lire les mots : « L'Actu de la Bourse ».

Mais il n'y avait personne. Et quand je me suis levée pour le faire moi-même... j'étais déjà sur la **bonne chaîne**.

Les Columbia High School Girlzzz s'étaient tout bonnement volatilisées !

La télé devait être CASSÉE.
Je me suis précipitée pour prévenir papa afin qu'il la répare de toute urgence, mais j'ai trébuché sur Esther,  notre tortue.

(Je vous parlerai d'Esther plus tard. Pour l'instant, je suis trop **énervée !!!**)

Malheureusement, papa préparait ses cours ou je ne sais quoi et il n'a pas voulu venir examiner la télé.
Il s'est contenté de marmonner quelques mots (*série débile*, je crois).

SAMEDI 4 SEPTEMBRE

Cette nuit, j'ai été réveillée par un machin pointu qui me rentrait dans le dos. J'ai allumé la lumière  pour voir de quoi il s'agissait.

C'était la **flûte inDienne !** ---------->

Maman avait dû la fourrer discrètement sous ma couette. Je me demande bien pourquoi. C'est quand même une **DRÔLE** d'idée.

Je devrais glisser sa cloche à vide 
ou sa fontaine à chocolat sous son oreiller.

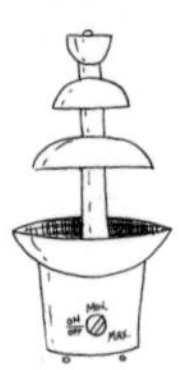

Ça lui apprendrait !

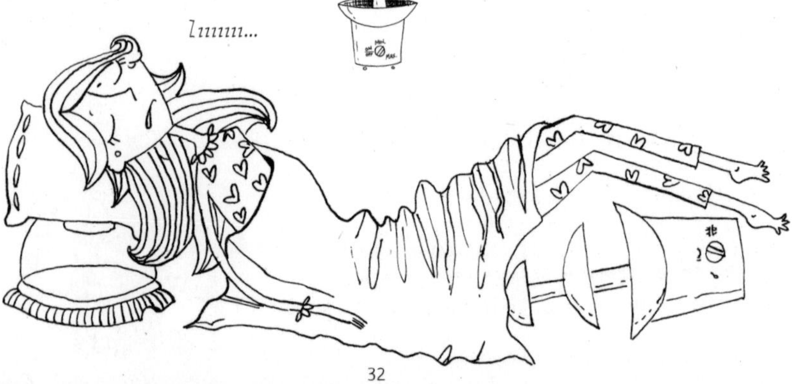

LUNDI 6 SEPTEMBRE

Aujourd'hui, à la première heure, Mme Duprout nous a demandé de rédiger notre portrait-robot. Voici le mien.

Nom : Clara Carpentier

Âge : 10 ans

Yeux : bleus avec un peu de vert et des paillettes marron sur les bords

Animal préféré : le chien (et les mini moutons)

Livre préféré : ~~la grande ensiclopédie ancyclo encyqulo~~ Matilda

Plat préféré : les crêpes, les tartines biscottes + beurre de cacahuètes + chips

J'aime : LES ANIMAUX !!!, ma meilleure amie Charlie, les vacances

Je n'aime pas : LA FLÛTE À BEC !, les choux de Bruxelles

Quand Mme Duprout a vu ça, elle m'a dit (je vous jure !) :

HEIN ?! Elle a besoin de nouvelles lunettes, ou quoi ? C'est écrit en toutes lettres : **je n'aime pas !**

PFF ! Franchement, j'en ai trop marre de Gisèle Duprout

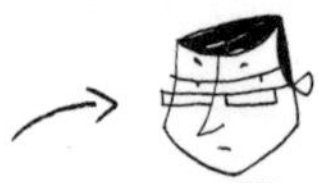

et du collège Prosper Périmée !

Le seul truc bien, au collège, c'est la récré. Toutes les filles se regroupent dans la cour et on se raconte nos vies. La blonde aux cheveux longs, elle s'appelle Mélusine de Perthuis, et je crois qu'elle est drôlement riche : aujourd'hui, elle nous a révélé qu'elle a un cheval rien qu'à elle. Puis elle a secoué sa chevelure.

Je crois que Mélusine n'adressera plus jamais la parole à Charlie.

Mais Charlie ne s'est même pas rendu compte qu'elle avait **gaffé**. Elle a même ajouté qu'elle, à la maison, elle avait au moins **deux cents** lapins.

Bien sûr, personne ne l'a crue. Je me suis penchée à son oreille et je lui ai chuchoté d'arrêter de dire **n'importe quoi**, sinon les autres ne voudraient plus lui parler.

Mais à mon avis, elle s'en fiche. Elle est partie demander au garçon le plus **cool** du collège de signer son plâtre. Ce garçon, c'est **Casimir**.

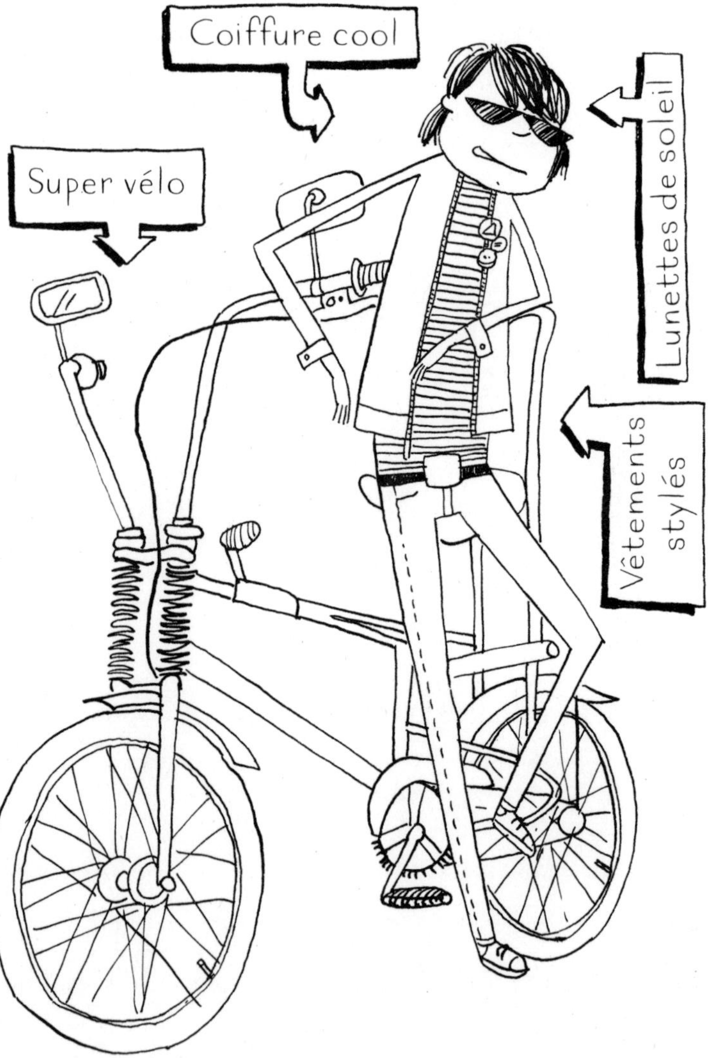

Charlie prétend qu'il lui a dessiné un cœur ♡,
mais elle se trompe : c'est juste le point du « i »
qui est de traviole. Parce que Casimir a signé
sans s'appliquer.

Quand elle a vu la scène, Mélusine a fait une drôle de tête. Normal : Casimir, c'est son GRAND FRÈRE !

Au fait, l'histoire des deux cents lapins, c'était vrai ! Cet après-midi, après les cours, je suis allée chez Charlie. Qui n'habite pas dans une maison, d'ailleurs, mais dans un appartement. Même qu'il est tout riquiqui.

Ce n'est pas bien grave,
parce que tout le monde sait
que c'est les papas qui
prennent de la place,
et Charlie, elle n'a pas de papa.

En plus, sa maman n'occupe pas beaucoup d'espace parce qu'elle passe son temps allongée sur le canapé (elle est souvent fatiguée).

Charlie partage sa chambre avec
sa petite sœur Chanel.
Chanel n'a que sept
ans mais elle est déjà
TRÈS ÉNERVANTE.

Bon, j'ai dû me concentrer très fort, mais j'ai réussi à trouver dix trucs plus **énervants**  que Chanel.

1. Deux petits **frères !!!** ☠

2. Les **couacs** de ma **flûte à bec**.

3. Gisèle **Duprout**.

4. Le **ton De prof** que papa prend pour nous expliquer quelque chose.

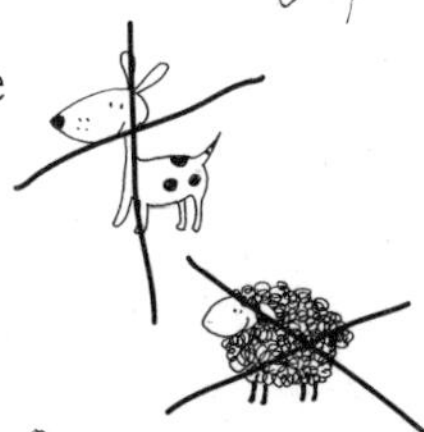

5. L'**arGent** que maman gaspille en trucs débiles au lieu de m'acheter un chien (ou un mini mouton).

6. Les **devoirs** (surtout les exercices de maths) (et la grammaire).

7. **Mélusine**, son kaïtseurfe et sa jument-déodorant.

8. Les **plats inDiens** de maman.

9. **Esther**, la tortue-piège qui nous fait tout le temps trébucher.

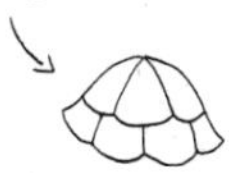

10. Euuuuhh...

La chambre de Charlie et Chanel grouillait de lapins ! Ils bondissaient dans tous les coins. Il y en avait sous l'armoire, sur l'oreiller de Chanel, derrière la télé...

J'en ai vu d'autres sous le lit et dans un sac de sport mais ceux-là, ils étaient bizarres, raides comme des **MOMIES**. J'ai préféré ne pas les examiner de trop près.

Alors, Chanel a hurlé. (Chanel, elle ne parle pas. Elle hurle.)

Charlie et moi, on s'est jeté un petit regard en coin et on a pouffé. Parfois, Chanel, c'est un vrai bébé : elle n'est pas très futée.

Charlie a appelé sa lapine Chipie en hommage à CHIPIE LA CHIPO, l'héroïne de son dessin animé préféré.

Dans ses aventures, Chipie la chipolata doit sans cesse déjouer les pièges des humains qui veulent la manger.
Charlie est fan.

Elle s'y connaît à fond en stars et en télé, beaucoup plus que moi. Mais bon, **je viens tout juste de fêter mes dix ans**. Charlie, ça fait des siècles qu'elle les a eus !

Et puis, je suis meilleure qu'elle en animaux. Par exemple, je sais qu'il est INJUSTE qu'elle et Chanel possèdent autant de lapins et moi zéro.

En plus, ils sont trop chou !

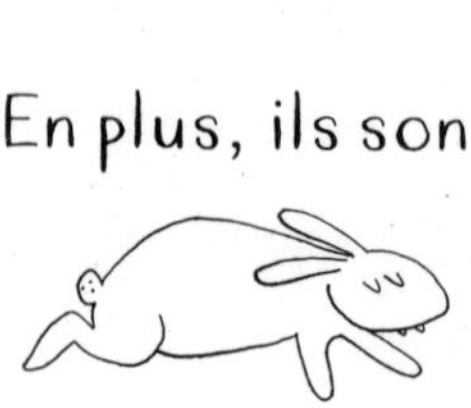

J'ai essayé d'en prendre un dans mes bras mais il a filé se terrer sous un tas de linge sale dans un coin de la chambre.

« Qu'est-ce qui est invisible et qui pue la carotte ? » m'a lancé Charlie.
Comme je ne savais pas, Chanel a hurlé :
« Un prout de lapin ! »

On a éclaté de rire. Terrifiés, les lapins se sont mis à détaler aux quatre coins de la pièce.

Charlie, elle connaît plein de blagues trop marrantes.

Bon, c'était quand même un peu étrange, tous ces lapins partout. J'ai donc demandé à Charlie comment sa maman avait réagi à l'**invasion**. Et aux *crottes* ! Elle avait dû râler, non ?

Mais Charlie a secoué la tête et m'a répondu fièrement : « Même pas. Maman nous emmène souvent au **BURGER PARADISE**.

On achète plein de hamburgers et on donne les feuilles de salade aux lapins. »

Trop bien ! Chez moi, ça ne se passerait pas comme ça. Même pas en rêve ! Papa, il **rouspète** dès que je laisse échapper un « chien ».

Je parle du mot, bien sûr.

C'est alors qu'il m'est venu une idée. Puisque Charlie et Chanel avaient autant de lapins, elles pouvaient bien m'en donner un !

⇨ **Juste un !** 

Mais quand j'en ai parlé à Charlie, elle m'a regardée bizarrement, comme une femme d'affaires,

et elle m'a demandé :
« Tu me donnes quoi en échange ? »

J'en avais une boule dans la gorge. J'ai dit :
« Allez, Charlie, je suis ta **meilleure** amie ! Et des lapins, vous en avez **plein** ! Tu pourrais m'en donner **un petit**, quand même. »

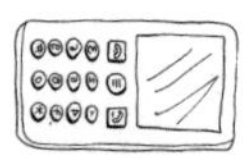

En plus, **Charlie**, elle a déjà tout. Un **portable** rien qu'à elle, un **lecteur MP3**,  et même une **télé**  dans sa chambre !

Avec la **Wii** ! 

⟶ **Moi**, j'ai juste le vieux **magnétophone** de maman.

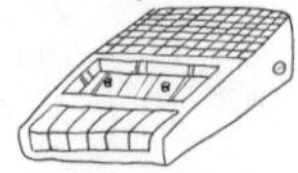

Mais Charlie n'en démordait pas.
Pff, quelle radine !

J'étais furieuse, et je lui ai crié qu'elle n'avait qu'à se trouver une nouvelle meilleure amie. Puisque c'est comme ça, demain matin, j'irai m'asseoir au premier rang à côté de Mélusine ! Enfin, si la place est encore libre. **Et toc !**

Charlie et Chanel se sont mises à faire des messes basses, puis Charlie a plongé la main entre les Ken et les Barbie, et elle en a extirpé un lapin.

Déglingo avait de **drôles** de pattes arrière.
Elles pendouillaient mollement.

« Qu'est-ce qu'il a ? »
ai-je **ronchonné**.
Je ne voulais pas que Charlie s'imagine que j'étais redevenue sa meilleure amie !

D'après ce qu'elle m'a raconté, il y a quelques jours, Chanel s'est pris le pied dans le câble de la télé et...

« Patatras ! Tout a dégringolé. Pile sur les pattes de **Déglingo**. Pas de chance. »

J'ai tourné les talons, j'ai claqué la porte CLAC ! et je suis sortie en courant. Charlie avait été tellement méchante que je me suis mise à pleurer super fort. Mais elle va voir ce qu'elle va voir ! **Je vais vite me trouver une nouvelle meilleure amie !**

De retour à la maison, j'ai fait comme si de rien n'était, mais maman a tout de suite remarqué que quelque chose n'allait pas.

Pour me consoler, elle a voulu m'offrir un sachet de chips.

« Je les ai commandées au téléachat, elles viennent juste d'arriver, m'a-t-elle informée comme si cela pouvait me remonter le moral. **Des chips au poulet spécial soin des dents**. Délicieuses et bonnes pour la santé, je n'ai pas pu résister ! »

« Oh, maman, ai-je soupiré. C'est des friandises pour **chiens**. »

« Oups » a fait maman, soudain soucieuse.

Ben oui : on n'a pas de chien.

« Et moi qui en ai acheté vingt sachets ! Zut ! » a-t-elle marmonné.

Puis, elle a blêmi.

Grrr
Grrr
Pchiiii

Je suis allée dans ma chambre.
Et là, la première chose que j'ai vue, c'est ma **flûte indienne**. Elle traînait sur le tapis au beau milieu de la chambre.

Ce qui ne pouvait signifier qu'une seule chose... Abel et Elio étaient entrés dans ma chambre et avaient TOUCHÉ À MES AFFAIRES ! **Non, mais je rêve !**

J'avais pourtant collé une **méga-affiche** sur ma porte :

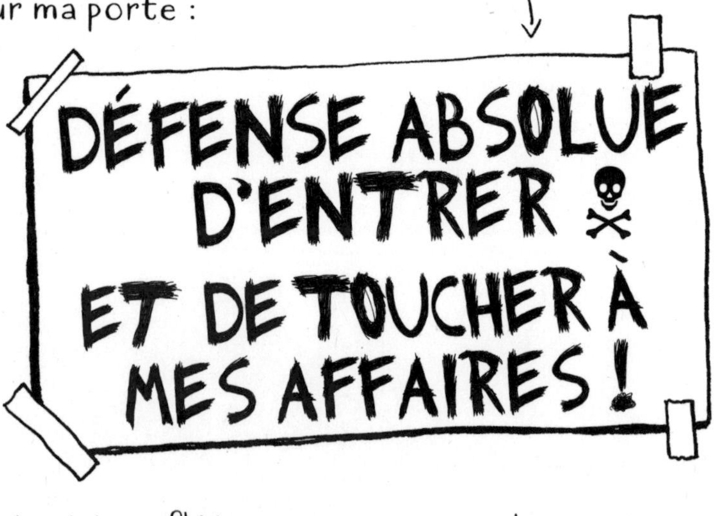

J'ai saisi ma flûte comme un gourdin et je me suis mise à la faire tournoyer dans le vide.
« **Où est-ce que vous êtes ?** » ai-je rugi en me précipitant dans la chambre des jumeaux.

En chemin, j'ai trébuché sur la carapace d'Esther la tortue. Comme par hasard.

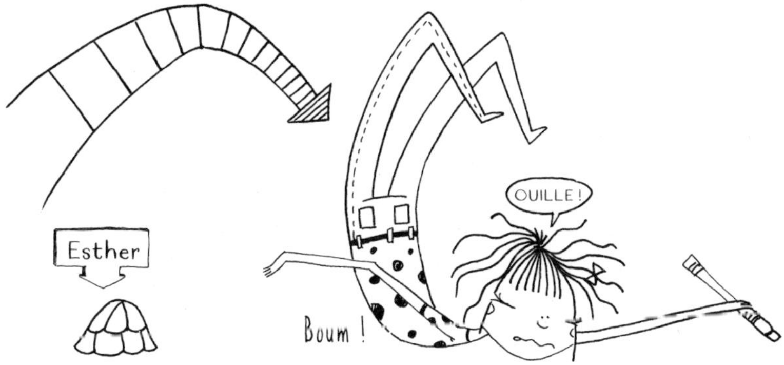

(Je vous parlerai d'Esther plus tard. Pour le moment, je suis trop **énervée !!!**)

Mes frères n'étaient **pas** dans leur chambre. ARRGRRRR !

J'ai interrogé maman. Mais elle était très occupée à lire dans le détail les ingrédients des **chips au poulet** **spécial soin des dents**.

(Elle avait l'air très **PERTURBÉE**).

Abel et Elio n'ont refait surface qu'au moment du dîner. Entre-temps, ma colère était presque retombée, parce qu'il flottait dans l'air une odeur prometteuse. Maman avait fait des crêpes ! J'ai dû faire un effort surhumain pour rester fâchée. Parce que

Mais les deux garnements ont eu le culot de me soutenir qu'ils n'avaient pas mis les pieds dans ma chambre et que de toute manière, je ferais mieux de jeter ma flûte dans les **toilettes** puis de tirer la chasse d'eau. 

VenGeanCe ! Je n'allais pas laisser passer ça.

Je les ai pourchassés dans toute la maison en soufflant dans ma flûte de toutes mes forces jusqu'à ce qu'ils se réfugient dans les jupes de maman.

« Clara, tu arrêtes ! » m'a-t-elle crié.
Elle m'a lancé un regard noir.
« Ben quoi ? j'ai demandé.
Je fais mes gammes, c'est tout ! »

Je m'en suis donné à cœur joie
jusqu'à ce qu'on passe à table.

Miam ! Vive les crêpes !
Ma bonne humeur était revenue.

Les crêpes, c'est vraiment ce que je préfère (avec les tartines biscottes + beurre de cacahuètes + chips, bien sûr).

Mais quand j'ai mordu dans ma crêpe, j'ai aussitôt tout recraché dans mon assiette !
Qu'est-ce que maman avait encore trafiqué ?

C'était dégoûtant ! Ma crêpe avait un goût de... de **choux de** *Bruxelles !* **Berk !**

Clara ! Tu dépasses les bornes ! Tu manges comme un cochon ! File dans TA CHAMBRE !

J'étais **outrée**.

Mais je vais vomir ! Maman a dû utiliser de la farine moisie ! Et des œufs qui avaient le choléra des poules ! C'est immangeable !

Papa et maman m'ont **fusillée** du regard, tous les deux.

Apparemment, leurs crêpes à eux étaient normales. En tout cas, ils les ont englouties jusqu'à la dernière miette.
Il n'y a que les miennes qui avaient un goût de *choux de Bruxelles*.

Abel et Elio dévoraient les leurs. Or, ils ont horreur des **choux de Bruxelles**.

Alors, j'ai léché seulement la confiture. 
Mais elle était un peu dégoûtante, elle aussi. 
On aurait dit de la **pâtée pour chats**.

Heureusement qu'il me restait une **tablette de chocolat fourré** à la pâte d'amandes dans ma chambre.

Le chocolat à la pâte d'amandes, c'est presque aussi bon que les **crêpes** !

MARDI 7 SEPTEMBRE

Aujourd'hui, au collège, je me suis comportée comme si Charlie était INVISIBLE. Mais je crois qu'elle ne s'en est pas rendu compte. Elle a passé la journée à me parler.

Alors je suis allée m'asseoir à côté de **Paul**. ------------→
Paul, c'est un garçon de ma classe qui porte des lunettes d'intello et qui a l'air sympa. Je parie qu'on peut copier sur lui pendant les interros.

J'aurais préféré m'asseoir à côté de Mélusine, mais les places étaient déjà prises. Par Emma et Lou-Ana.

Pendant le cours de français, Mme Duprout m'a demandé si j'avais apporté ma flûte.
Zut : je l'avais oubliée à la maison !
Trop dommage ! 

Mais Mme Duprout a jeté un coup d'œil dans

mon sac, qui était ouvert à mes pieds, et elle a dit :

Ma flûte à bec ! OH NON !

Pourtant, j'étais sûre et certaine de ne pas l'avoir emportée ! C'était encore un coup de **maman**. J'étais tellement choquée que je n'ai pas réussi à inventer de prétexte pour ne pas jouer. 

« Alors, Clara, quel morceau vas-tu nous interpréter ? » m'a demandé Mme Duprout pendant que je patientais au tableau.
Mes genoux **JOUAIENT DES CASTAGNETTES.**
UN MORCEAU ? MAIS QU'EST-CE QU'ELLE CROIT ? QUE JE SAIS JOUER DE LA FLÛTE, PEUT-ÊTRE ?

m'a soufflé Charlie. C'est sa chanson préférée. Mais je faisais toujours semblant de ne pas la voir.
J'ai SOUFFLÉ dans mon instrument.

Aussitôt, tout le monde s'est bouché les oreilles.

J'aurais bien aimé en faire autant. Malheureusement, j'avais besoin de mes mains pour jouer. Soudain, j'ai remarqué que mes camarades me regardaient BIZARREMENT. Ils avaient l'air effrayé. Sauf quelques-uns, qui ricanaient. Tous dévisageaient le tableau. Alors, j'ai cessé de jouer et je me suis retournée.

Il y avait écrit à la craie :

J'ai senti mon estomac se **nouer**. **« J'ai rien fait ! »** ai-je couiné.

Mme Duprout a promené dans la salle un **regard assassin**,

mais elle ne pouvait gronder personne, puisqu'elle ignorait qui avait écrit la phrase. Elle m'a **toisée méchamment** pendant quelques secondes, puis elle m'a ordonné de regagner ma place. Et elle nous a fait faire une dictée. Décidément, il se passe des choses étranges quand je joue de la flûte.

Je veux à tout prix un **ANIMAL**, moi aussi.
Et j'en aurai un ! Je me passerai
de l'aide de Charlie.
De toute façon, les lapins,
c'est nul. Haaaa !

Moi, ce que je veux,
c'est un tout petit mini mouton.

Mais papa et maman ne voudront jamais. 

De toute façon, notre
jardin n'est pas assez
grand. Je ne suis pas
idiote : je sais bien
que même les tout
petits moutons, ça finit
par **grandir**.

Et ne parlons pas de la laine !
Qu'est-ce qu'on ferait
de toutes ces pelotes ?

Un chat,  par contre, ce serait bien.
Ou mieux encore: un chien.

Un Jack Recette, par exemple (je crois que ça s'appelle comme ça),

comme celui de ma tante Sonia.

Après les cours, Charlie est venue me voir et elle m'a dit que, si je voulais, je pouvais avoir un de ses lapins. Voire deux : un mâle et une femelle.

Comme ça, moi aussi, j'en aurais bientôt deux cents.

Youpi ! Trop bien !

En plus, j'en avais assez de faire la tête à Charlie.

Et si ça se trouve, les lapins, ce n'est pas si nul que ça.

J'avais envie de foncer directement chez Charlie, mais j'ai bien réfléchi : il valait mieux que j'annonce d'abord la **bonne nouvelle** à maman, à savoir qu'on allait bientôt accueillir sous notre toit deux adorables lapinous.

J'avais tout prévu. Pour commencer, j'allais la supplier de m'offrir un mini mouton. Comme ça, quand je lui dirais qu'en fait, ce n'était pas la peine de m'en acheter un, elle serait soulagée. Elle n'allait même rien devoir m'acheter du tout, puisque les lapins étaient gratuits. Merci, Charlie !

Mais mon plan n'a pas fonctionné. Maman a dit : « Pas d'animaux ! »

Soi-disant que je ne suis « pas assez mûre » pour « assumer la responsabilité » d'un animal de compagnie, et qu'en ce qui la concerne, elle n'a aucune envie de changer la litière, d'acheter des croquettes, etc.

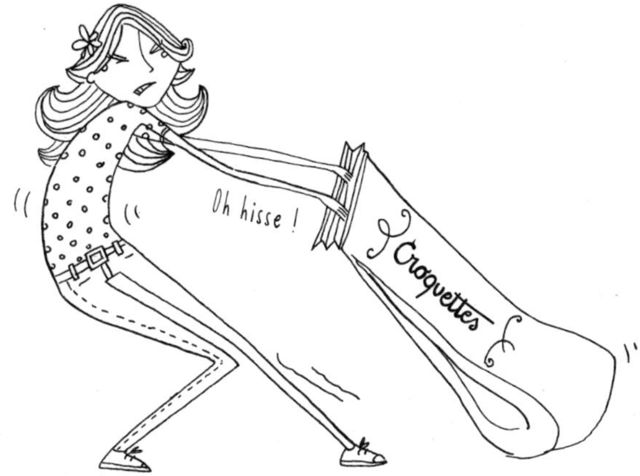

Évidemment, je lui ai répliqué qu'elle n'aurait pas à lever le petit doigt, parce que je m'en occuperais très bien, de mon mini mouton. 

Ou de mes lapins.

Mais maman m'a rétorqué qu'on avait déjà un animal domestique : Esther la tortue,  et que je ne m'en occupais jamais. 

C'est pas juste ! Esther, elle ne compte pas ! Elle a au moins ***mille ans***, et d'ailleurs, je crois bien qu'elle est morte depuis des siècles sous sa carapace. La preuve : on ne la voit jamais bouger. Je ne sais même plus à quoi elle ressemble, vu qu'elle ne sort jamais sa tête.

Le seul truc ***bizarre***, c'est qu'elle est toujours dans nos pattes. Les jumeaux y sont sûrement pour quelque chose… Faut que je les prenne la main dans le sac !

J'ai proposé un marché à maman : si j'arrive à lui prouver qu'Esther est morte, elle m'offre un chien.

Pour toute réponse, elle m'a ordonné de filer dans ma chambre et de faire mes devoirs.

Ça commence sérieusement à ***m'énerver***. Maman prétend qu'un chien et des croquettes, c'est cher, mais elle passe son temps à s'acheter des **GADGETS INUTILES !**

Comme le *pèle-pommes automatique* qu'elle vient de recevoir par la poste.

Le Pèle-Pommes3000 pèle, épépine et découpe vos pommes en jolies rondelles décoratives.

☞ Fonctionne aussi avec les pommes de terre. ☜

Je m'en fiche, moi, d'avoir de jolies rondelles de pommes de terre décoratives ! Je veux un animal !!!

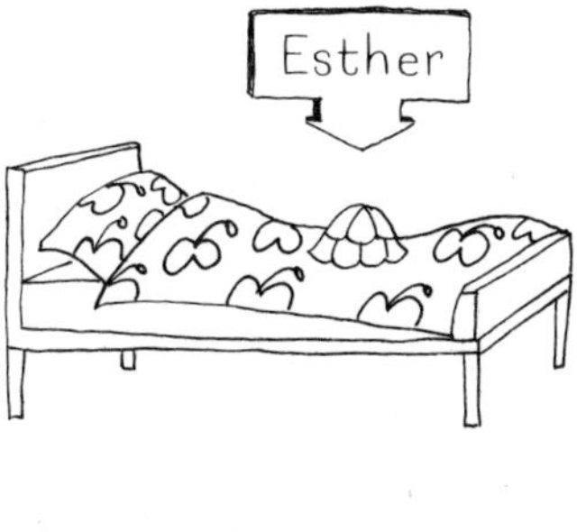

Quand je suis arrivée dans ma chambre, Esther traînait sur mon lit. Jamais de la vie elle n'a pu réussir à l'escalader toute seule. **VENGEANCE !!!**

Heureusement que j'étais déjà **en colère !**
Je me suis ruée dans la chambre d'Abel et Elio.

Ils étaient assis par terre avec ma flûte à bec. Ils la bourraient de MOUTARDE. Abel a essayé de la cacher dans son dos, mais c'était trop tard.

J'ai attrapé Polisson  et Barnabé  et j'ai couru jusqu'à la fenêtre pour les suspendre au-dessus du vide.

Forcément, Abel et Elio se sont aussitôt mis à brailler et à appeler maman.

Normal : Polisson et Barnabé, c'est leurs doudous. Ils ne peuvent pas dormir sans eux.

Barnabé, c'est un chimpanzé et Polisson, c'est une baleine. Enfin, d'après Abel. En vrai, je crois que c'est une limande.

Je secouais les doudous dans tous les sens et mes frères me hurlaient d'arrêter.

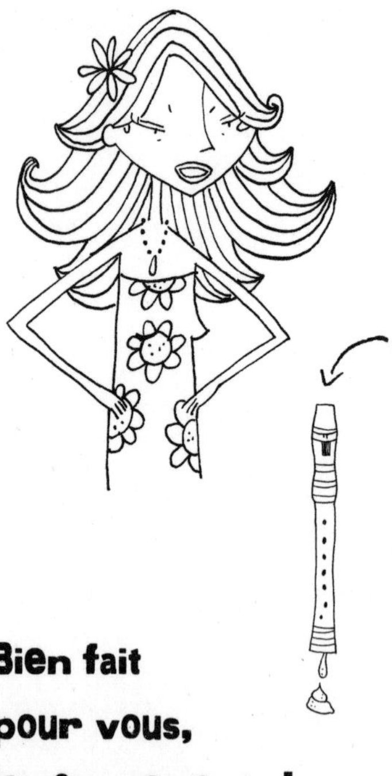

C'est là que maman a débarqué. Fini de rigoler ! Elle a commencé par me gronder, mais elle a vu ma flûte fourrée à la moutarde. Finalement, c'est les garçons qui se sont pris un savon !

Bien fait pour vous, les Garnements !

En regagnant ma chambre, j'ai trébuché sur Esther.

J'étais à deux doigts de la glisser sous la cloche à vide de maman...

Appareil à piles
Appuyer sur le bouton pour maintenir
les aliments frais plus longtemps
et ainsi augmenter leur durée de vie.
Volume max : dix litres

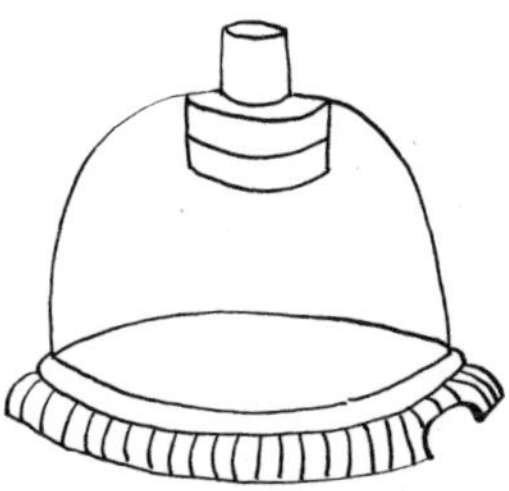

...mais je me suis rendu compte que je n'avais aucune envie d'augmenter la durée de vie d'Esther.

Alors, à la place, j'ai échafaudé un plan.

- D'abord, j'allais gagner de l'argent.
- Ensuite, je m'achèterais un animal de compagnie. Avec mes propres sous !
- Même que je m'en occuperais toute seule de façon super responsable.
- **Et toc !**

Il ne me restait plus qu'à trouver un moyen de gagner de l'argent. Et si je vendais ma flûte ? Seul problème : elle était pleine de moutarde.

Je ne me suis pas découragée.
Dans la salle de bains,
je l'ai nettoyée à fond.

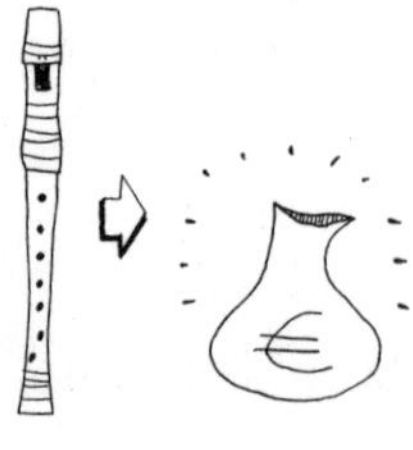

Parfois, maman vend des trucs sur eBay, mais je doute qu'elle veuille m'aider à vendre ma flûte.

Bon, je vais finir par trouver une solution.

Il y a forcément quelqu'un quelque part qui cherche **désespérément** une flûte indienne !

Pour commencer, je l'ai rangée à sa place sur l'étagère au-dessus de mon lit.

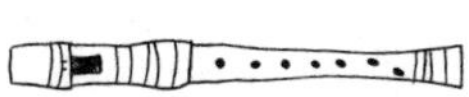

Quand je suis allée me coucher, j'ai essayé de rêver de mon futur chien.

Raté ! J'ai rêvé que ma chambre était infestée de lapins. Il y en avait tellement qu'on ne voyait même plus le tapis ! Et ils bêlaient à qui mieux mieux comme des petits moutons. Trop chou !

MERCREDI 8 SEPTEMBRE

Au beau milieu de la nuit, ma flûte m'a agressée ! **POUR DE VRAI !!!**

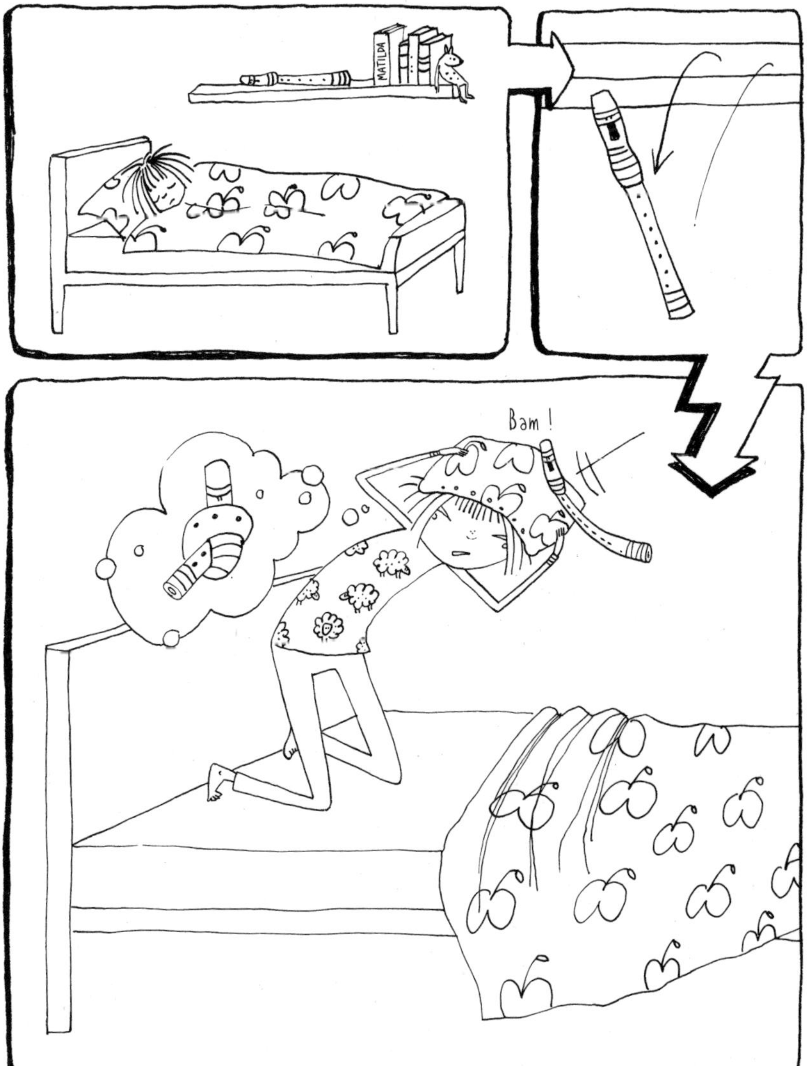

JEUDI 9 SEPTEMBRE

Youpi ! Ça y est : à partir d'aujourd'hui, je vais gagner des sous ! On a une voisine qui s'appelle *Mme Bonnebrise*. C'est une gentille mamie qui a un petit chien : Polly.

J'avais prévu d'aller sonner chez Mme Bonnebrise et de lui proposer de promener Polly à sa place une fois par jour. J'étais sûre qu'elle serait contente : grâce à moi, elle allait être tranquille, libre de reposer ses rhumatismes, d'huiler sa prothèse de hanche ou de faire ce que font les vieilles dames dans son genre.

Et, pour me remercier, elle me donnerait **plein de sous. Super plan, non ?**

Cet après-midi, je suis donc allée sonner à sa porte.

Quand je lui ai expliqué que **je voulais promener Polly** et qu'elle pourrait en profiter pour rester bien au chaud à se *tricoter* des bas de contention,

de **drôles de rides** sont apparues en travers de son front. Les poings sur les hanches, elle m'a toisée d'un œil mauvais. Elle avait l'air vexée. Je crois qu'elle ne se rend pas compte qu'elle est une mamie.

Merci, mais Polly et moi, on se débrouille très bien toutes seules.

Sur ce, Mme Bonnebrise a voulu me fermer la porte au nez.

Mais hop ! J'ai bloqué la porte avec mon pied et j'ai dit :

Mme Bonnebrise a pris un air songeur. Dans son dos, j'entendais des grands **KROÂK** sinistres, comme quelqu'un qu'on torture. Heureusement, ce n'était qu'Hannibal, son perroquet.

En fait, d'après maman, ce n'est pas un perroquet mais un « cacatoès ». Je crois qu'on les appelle comme ça parce qu'ils sont souvent constipés. Même que ça doit faire mal, vu comment Hannibal criait.

Finalement, Mme Bonnebrise a déclaré qu'en fait, je tombais bien : elle avait tennis.

Apparemment, ce week-end, il y a un tournoi pour les seniors et elle veut s'entraîner à mort pour battre la championne en titre, une certaine **Francine Defarme**. Mme Bonnebrise a fait mine de taper dans une balle avec une raquette.

Oh là là... Je ne sais pas si c'est très raisonnable de faire du tennis à son âge ! Mais on s'en fiche. Tant qu'elle me confie Polly !

Il ne nous restait plus qu'à régler la question des sous. Je lui ai dit que je prenais **dix euros** de l'heure. ↗

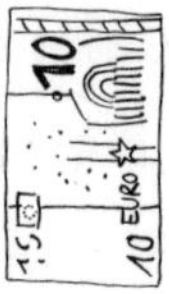

Mme Bonnebrise a refait une drôle de tête et elle m'a rétorqué qu'elle m'en donnerait

← **trois** et pas un centime de plus.

Elle commençait à **M'ÉNERVER !** Elle ne se comportait pas du tout comme une mamie ordinaire.

Les mamies, d'habitude, c'est content de donner des sous aux enfants !

Puisqu'elles ont déjà tout, y compris des chiens et des cacatoès.

C'est quand même fou d'être aussi **rAdiNE !**

J'ai tenté de négocier, mais ça n'a pas marché. 😐
DÉCIDÉMENT, MME BONNEBRISE ME DÉÇOIT BEAUCOUP. POUR LA GENTILLE MAMIE, ON REPASSERA !

Heureusement, Polly est trop choupi. C'est un de ces chiens dont on n'arrive pas trop à distinguer le museau du derrière.

Mme Bonnebrise, elle, elle y est arrivée sans problème. Elle a fixé la laisse au collier de Polly et elle m'a avertie de **ne la détacher** sous aucun prétexte, parce que, sans laisse, Polly s'enfuit DIRECT. 😐

Sur ce, je me suis mise en route avec la chienne.
D'abord, je suis allée sonner à l'interphone de Charlie. Mais il n'y avait personne. Zut !

Alors je suis allée au parc, celui avec les jeux. Polly trottinait derrière moi.
Je crois qu'elle est encore plus vieille que Mme Bonnebrise. Une vraie mamie, cette Polly ! Il fallait pratiquement que je la tire pour la faire avancer tellement elle était lente. On aurait dit un **tube de somnifères à quatre pattes**.

Du coup, quand on est arrivées au parc, je l'ai détachée. Et là, il s'est passé **PLEIN DE TRUCS** à la fois.

1. Polly s'est **ENFUIE DIRECT** et a foncé vers l'aire de jeux.

2. Elle a renversé au moins quatre **ENFANTS** au passage.

3. Elle s'est accroupie dans le bac à sable et y a fait une **GROSSE CROTTE** (énorme, même pour un si petit toutou !).

4. Elle a volé un chapelet de **MINI SALAMIS** dans le sac d'une des mamans.

5. Elle a **MORDU** la maman qui voulait récupérer ses salamis.

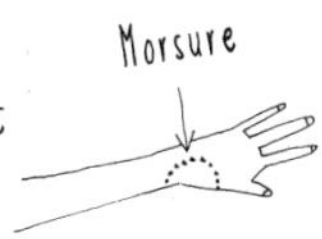

6. Elle a foncé jusqu'à la mare et elle a **SAUTÉ DEDANS**.

7. Elle a **POURCHASSÉ** un canard et l'a attrapé dans sa gueule.

8. Elle me l'a rapporté comme un bon **PETIT LAQUAIS** (c'est peut-être ça, un canard laquais ?).

Pendant ce temps, dix ou vingt mamans s'étaient mises à piailler comme si c'était la FIN DU MONDE.

J'avais envie de me sauver discrètement en faisant comme si tout cela ne me concernait pas, mais Mme Bonnebrise m'aurait sonné les cloches. Je n'avais pas le choix : je me suis avancée. ☹

Les mamans étaient furieuses. Elles m'ont dit des choses comme « RÉPUGNANT », « INCONSCIENTE » et « POLICE ». Alors je suis allée repêcher un vieux sac en plastique dans la poubelle et j'ai fait disparaître la crotte de Polly. C'était IMMONDE.

Le temps que je m'en débarrasse, Polly faisait de nouveau la folle dans la mare.

Les hurlements ont recommencé.

Je n'allais tout de même pas la récupérer à la nage ! J'ai donc tenté de l'appâter sur la berge avec le reste des **Chips au poulet spécial soin des dents** qui traînait au fond de mon sac à dos. Mais Polly se moquait de son hygiène bucco-dentaire.

Je lui ai lancé un bâton. Enfin, ma flûte.
Je l'avais emportée exprès.
Je l'ai lancée le plus loin possible dans la mare.

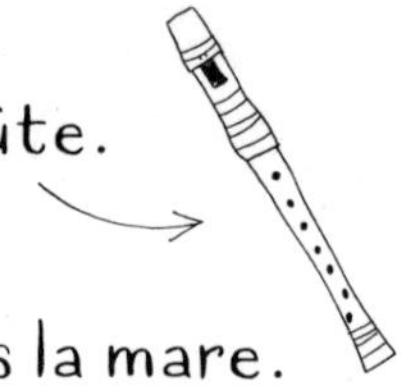

Je ne tenais pas à ce qu'elle m'agresse
à nouveau en pleine nuit ! 

 C'était compter sans Polly.

Dès qu'elle a vu ma flûte, elle s'est détournée
des canards pour se jeter dessus.

Elle a regagné la terre ferme, a déposé le maudit instrument à mes pieds, puis elle s'est ébrouée en faisant gicler de l'eau partout. J'étais trempée.

Je n'ai pas perdu une seconde : je lui ai remis sa laisse. Malheureusement, Polly était couverte d'algues et **elle empestait l'eau croupie**.

Ma gorge s'est nouée. Je ne pouvais pas la rendre à Mme Bonnebrise dans cet état-là. Elle si elle refusait de me payer ? ☹

Il n'en était pas question ! J'ai couru jusqu'à la maison pour donner un bain à Polly.
Maman était occupée. Elle se musclait le ventre, les jambes et les fessiers sur son POWERTRAINER MAGIC FITNESS.

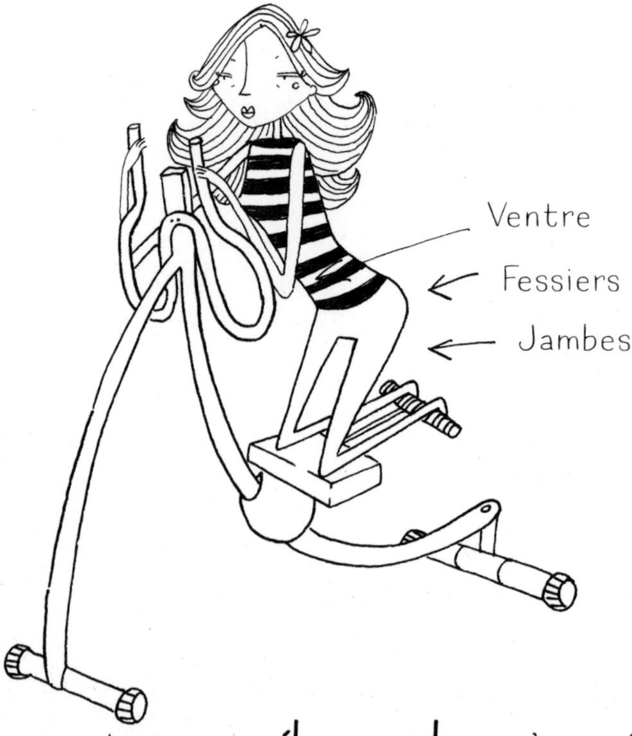

Le spectacle était si **étonnant** que j'ai préféré ne pas l'interrompre.

Je me suis mise en quête de shampoing. Le flacon sur le rebord de la baignoire était presque vide. Or, Polly a énormément de poils.

Je n'en ai pas trouvé d'autre ; en revanche, j'ai trouvé un seau géant de SUPER POUDRE GALACTIQUE : **un produit « autonettoyant » pour récurer les W.C.**

Autonettoyant ? Génial !

Même pas besoin de frotter Polly ! Il suffit de laisser agir le produit !

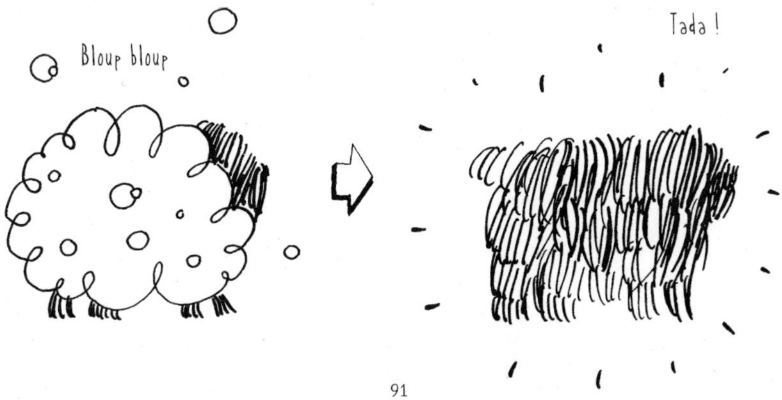

Je l'ai déposée dans la baignoire, je l'ai rincée à la douchette, puis j'ai rempli la dosette de POUDRE GALACTIQUE et j'ai saupoudré Polly avec.

WAOUH, TOUTE LA MOUSSE !

Polly avait entièrement disparu.
Dans la baignoire, on ne voyait plus qu'un gros paquet de mousse qui gonflait à vue d'œil.
Ça crépitait et ça pétillait… Mais Polly s'est mise à pousser des gémissements déchirants, et j'ai préféré la rincer.

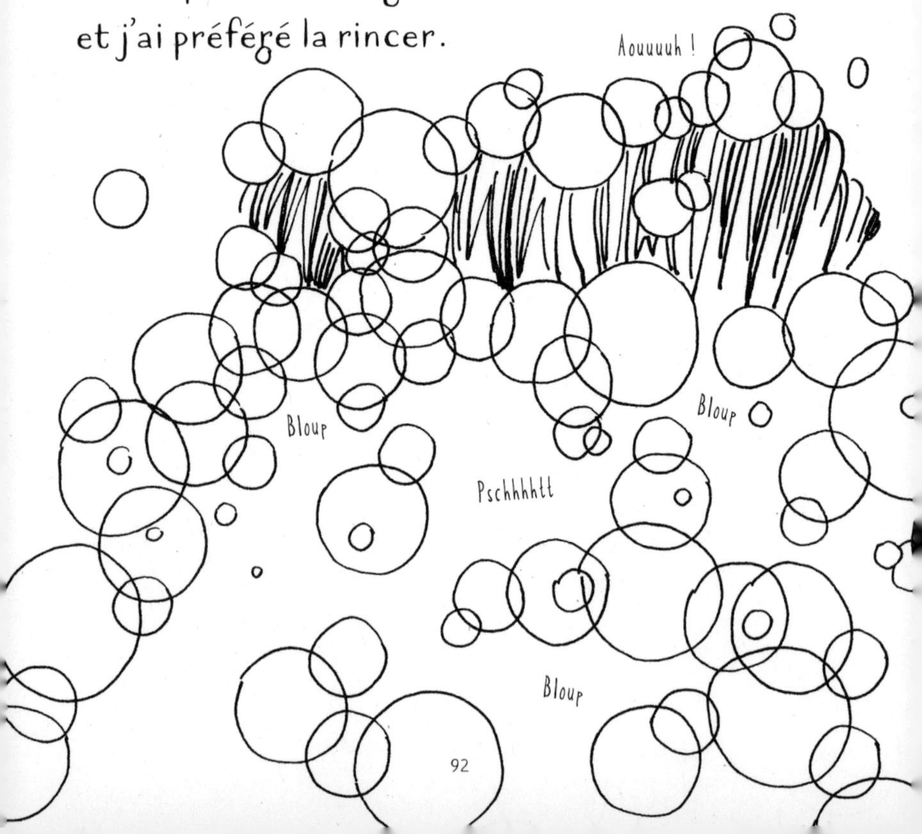

Quand je l'ai vue, mon cœur a fait un triple saut périlleux dans ma poitrine. JE VOUS JURE !
Polly avait une **drôle** de dégaine.

Son poil était rêche et hirsute.
On aurait dit un de ces cactus velus. - →

En plus, elle avait des reflets bleus. Discrets, mais quand même. **Elle était méconnaissable !**

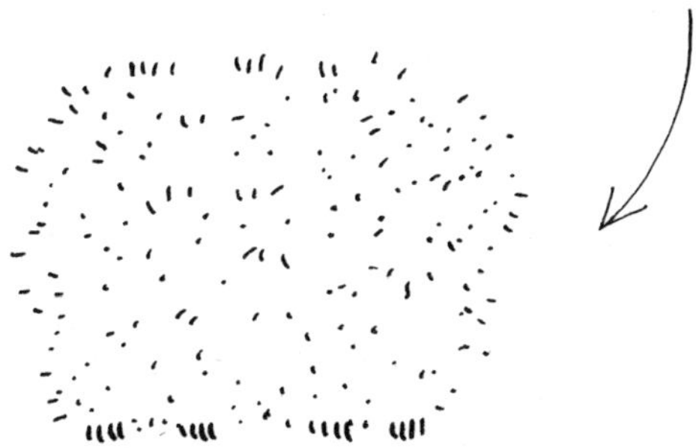

Aïe, aïe, aïe ! Mme Bonnebrise ne croirait jamais qu'il s'agissait bien de son chien !

Et je pouvais
dire adieu
à mon argent.

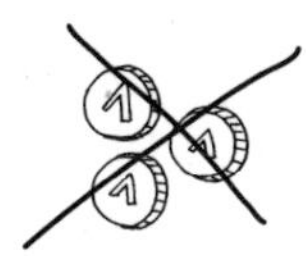

Bloup

J'ai essayé de dompter le poil de Polly
avec de la crème hydratante, --> 
mais c'était encore pire qu'avant.

Maintenant, elle était **HÉRISSÉE**
de gros paquets de poils tout collés.
Et pas moyen d'enlever la crème.

Je l'ai dévisagée, une boule dans la gorge.
Puis j'ai eu une super idée. J'allais raconter à Mme Bonnebrise que j'avais emmené sa chienne chez le toiletteur et que les pointes bleutées, c'était la **dernière tendance** chez les toutous.

Peut-être même que pour
me remercier, elle me les
donnerait, mes dix euros !
Voire plus.

Ravie de ma trouvaille, j'ai repris un peu de crème hydratante et j'ai sculpté de nouveaux piquants à Polly. ☺

À la fin, elle ressemblait au croisement entre une **barbe à papa**  et un **porc-épic**. 

Mais elle était
stylée !

Quand nous sommes arrivées chez Mme Bonnebrise, j'étais franchement fière de moi. Malheureusement, Mme Bonnebrise était d'humeur massacrante.

J'imagine qu'elle avait dû perdre le match contre Francine Defarme, son éternelle rivale. N'empêche que ce n'est pas une raison pour me crier dessus et me **chasser de chez elle !** Sans me donner un centime, en plus.

Moi qui avais fait à Polly une coiffure unique au monde, et gratuitement ! Cette fois-ci, ça ne fait plus aucun doute : **Mme Bonnebrise est la personne la plus radine que je connaisse.**

VENDREDI 10 SEPTEMBRE

Aujourd'hui, après les cours, Charlie est venue à la maison.

On lui a retiré son plâtre hier. Maintenant, elle a un bras bronzé et l'autre tout blanc et maigrichon.

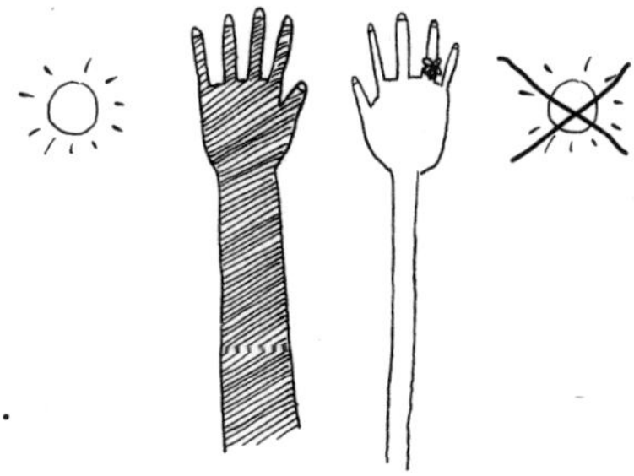

Et vous savez quoi ?
Elle m'a apporté un **lapin** !
Il est *trop mignon*.

J'ai couru demander à maman si je pouvais le garder.

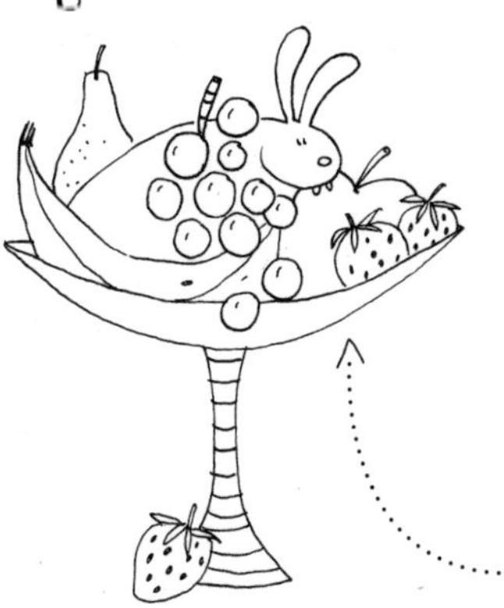

Je pensais qu'en le voyant, elle se laisserait attendrir. C'est pour ça que je l'avais installé dans la coupelle à fruits, où il s'est mis à grignoter une pomme. *Irrésistible* !

Rien à faire : maman a dit **NON.** Elle m'a même grondée. Soi-disant que le sujet est clos et qu'il est grand temps que je tourne la page une bonne fois pour toutes.

Charlie et moi, on a couru dans le jardin chercher un endroit où cacher mon lapin. L'ennui, c'est que notre jardin est tout petit. Je n'ai pas trouvé **une seule** bonne cachette.

Charlie m'a proposé de me donner sa cage.

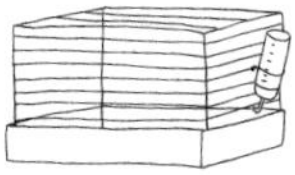

Elle n'en a plus besoin, parce que sa mère a fini par se rendre compte que les lapins s'étaient multipliés. Résultat, Chanel et elle vont devoir s'en débarrasser.

Elles ont décidé de les vendre. Charlie m'a demandé si je voulais les aider, et même qu'on **partagera les sous** ! **TROP BIEN** !

 J'ai accepté sans hésiter.

Mais d'abord, j'ai couru chercher ma **flûte** dans ma chambre.

Ensuite, ma flûte, mon lapin et quelques sachets de chips (on ne sait jamais) dans mon sac à dos, j'ai suivi Charlie jusque chez elle.

Chanel nous attendait sur la pelouse devant l'entrée de l'immeuble avec l'énorme carton de la télé.

Sauf qu'il était plein de lapins !

Ils couinaient et se tortillaient et grattouillaient dans tous les sens. Trognons ! Assise sur un plaid, Chanel collait des stickers dans un album tout en grignotant une tartine de Nutella. Son album était couvert de **TACHES**.

« Alors, fais voir, t'en as vendu combien ? » lui a lancé Charlie en brandissant sa tirelire **Ariel-la-Petite-Sirène** pour faire tinter les pièces.

« Zéro » a marmonné Chanel en postillonnant du Nutella sur sa robe rose à paillettes.

Charlie a fait pivoter l'écriteau pour qu'on le voie mieux.

J’ai mis ma flûte indienne dans le carton et griffonné sur l’écriteau :

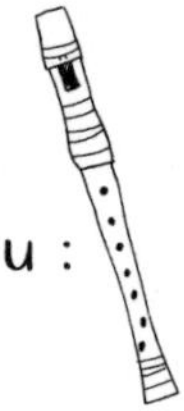

10 euros le lapin

Flûte indienne enchantée : 50 euros

Puis j’ai demandé à Charlie combien d’argent elle allait me donner si je l'aidais à vendre ses lapins. Elle m’a répondu : les dix euros de mon lapin, si j’arrive à le vendre. Et les dix de *Déglingo*.

J’ai trouvé ça un peu **éGOïste** de sa part.

Heureusement, j’ai eu une idée.

Dans mon sac, j’avais plein de sachets de **Chips au poulet spécial soin des dents**.

Trois intacts et un entamé.

Comme Charlie et Chanel ont tout le temps faim, je leur ai vendu les chips. **Au prix d'un lapin par sachet.**

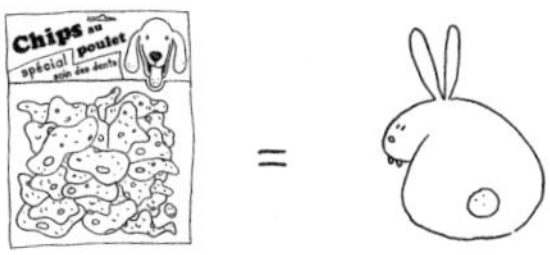

Au début, elles ont tenté de marchander. Soi-disant que le sachet entamé ne valait pas un lapin entier. Mais je suis restée très ferme.

Hé, hé ! J'avais désormais **cinq lapins et demi** à vendre ! (Déglingo ne me rapportera pas plus de cinq euros).
Donc, au total : **cinquante-cinq euros**.

Plus la **flûte** ! Est-ce qu'avec ça, j'aurais de quoi m'acheter un chien ? Et des croquettes, une laisse et un collier ?

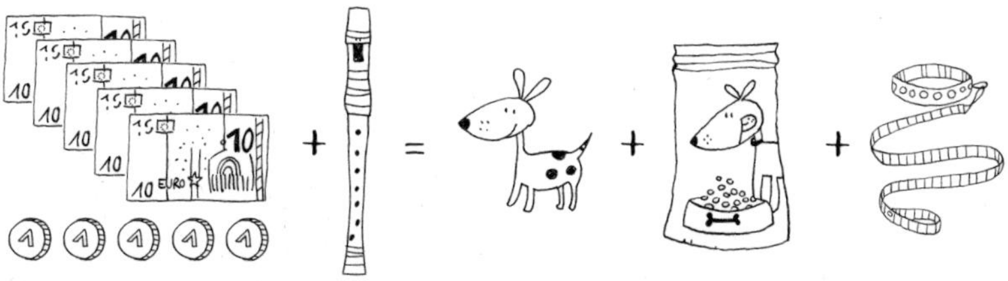

Au moins un tout petit riquiqui ?

En tout cas, les
Chips au poulet
spécial soin des dents
ont beaucoup plu
à Charlie et à Chanel.

Elles les ont toutes mangées jusqu'à la dernière. Et on n'avait toujours pas vendu un seul lapin.

« Il faut qu'on se rapproche de la rue » ai-je déclaré. On a apporté le carton plein de lapins sur le trottoir.

On a vu passer beaucoup de voitures mais presque pas de piétons. Une dame qui poussait un landau s'est arrêtée quelques instants pour inspecter le contenu de notre carton.

Puis, elle nous a jeté un regard de maîtresse d'école et nous a dit que c'était de la **maltraitance animale**, parce que les pauvres lapins n'avaient pas assez de place pour gambader dans le carton.

« Justement, c'est pour ça qu'on les vend ! ai-je répliqué en lui tendant un lapin particulièrement chou. Pour qu'ils trouvent un meilleur foyer. »

Mais la dame n'en a pas acheté. 

Charlie m'a souri. « Comment on appelle un lapin qui mange tout le blé des champs ? »
J'ai donné ma langue au chat. Alors, Charlie s'est exclamée : « Un **céréales killer** ! »

Je riais si fort que j'ai failli attraper le hoquet. Chanel, elle, n'arrêtait pas de répéter :

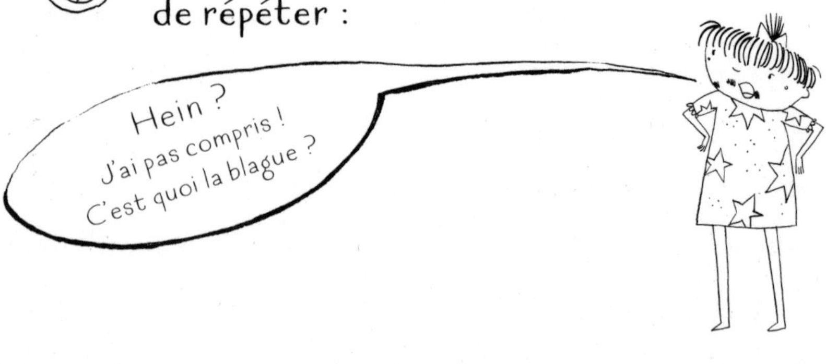

Au bout d'un moment, on en a eu marre de jouer aux marchandes de lapins.
Peut-être qu'on les vendait trop cher.
J'ai proposé à Charlie et à sa sœur de baisser le prix à **cinq euros** au lieu de dix.

Elles ont rouspété, mais au bout d'une demi-heure, elles ont **accepté**.

À un moment donné, un vieux type moche et mal rasé est arrivé et a regardé dans le carton. Il sentait bizarre et il n'arrêtait pas de se gratter la tête.

Même Charlie en est restée sans voix.

Le monsieur voulait nous donner vingt euros... en échange de tous les lapins ! On a secoué la tête, bien sûr. Sauf Chanel, qui a pépié « Ouiii ».

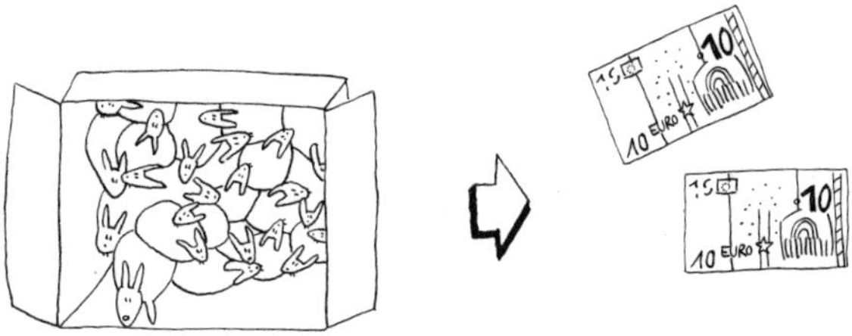

Mais vingt euros, ça n'était pas assez.

« Deux cents euros » a courageusement rétorqué Charlie.

Le monsieur s'est mis à gesticuler et à jurer, et il a déclaré que, puisque c'était comme ça, il irait s'acheter un ragoût de lapin tout prêt à **trois euros** au supermarché du coin.

Puis il est parti (en jurant et en gesticulant).

Charlie et moi, on a échangé un regard horrifié. Le type, il voulait manger nos lapins !

JAMAIS DE LA VIE !

On a chacune pris un lapin et on les a caressés tendrement. Ils étaient si doux et duveteux ! Comment peut-on manger un truc aussi mimi ?

Ensuite, on a rayé le « 5 » sur l'écriteau et on a écrit un « 3 » à la place. Et un peu plus tard encore, alors que je m'apprêtais à rentrer chez moi, on l'a remplacé par un « 1 ».

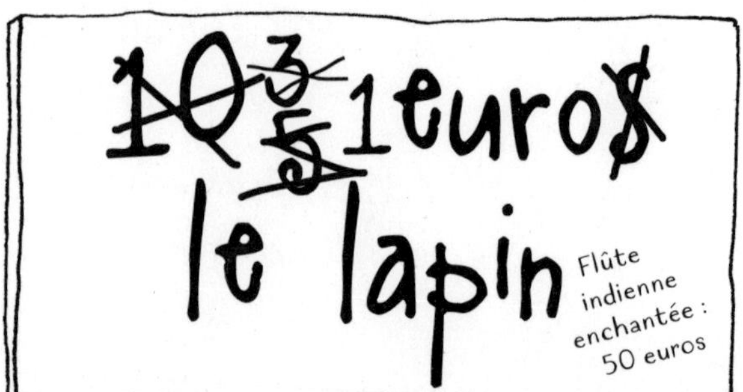

Mais même à ce prix-là, **personne** ne nous en a acheté.

C'est alors qu'un vélo est apparu au bout de la rue, avec assise dessus… Mélusine de Perthuis ! Elle portait des bottes de cheval et un casque d'équitation. Et elle avait l'air ***débile***.

Je me demandais bien ce qu'elle faisait dans le quartier. Il n'y a rien de chic ou de luxueux, ici. Seulement des immeubles ! Puis, je me suis rappelée qu'il y avait un centre équestre pas loin.

Quand elle nous a vues sur le trottoir, Mélusine a freiné et nous a décoché un sourire méprisant.

Je n'ai pas pu m'empêcher de pouffer. Mélusine faisait une de ces têtes sous son **CASQUE** !

Elle est quand même descendue de vélo pour venir inspecter notre carton.

Et elle a haussé les sourcils. Elle refaisait sa petite moue hautaine.

« Ciel ! a-t-elle marmonné. J'aurais dû m'en douter. »

« Seigneur ! ai-je riposté sur le même ton. J'aurais dû me douter que tu ressemblerais à un **gorille permanenté**, avec ce casque. »

Cette fois, c'est Charlie qui a pouffé. Chanel, elle, elle rigolait comme une baleine.

« Vous êtes trop bêtes ! » a grogné Mélusine en faisant mine d'enfourcher son vélo.

Charlie s'est levée d'un bond pour lui tapoter l'épaule. « C'était pour rire », qu'elle a dit.

Sauf que, quand Mélusine s'est retournée, j'ai vu qu'en fait, Charlie venait de lui coller un sticker dans le dos.

On pouvait y lire :

J'ai regardé Charlie. Charlie m'a regardée. On a vite détourné les yeux. Sinon, on serait probablement mortes de rire.

Chanel a crié : « Eh, y a écrit quoi, là ? », mais je lui ai plaqué la main sur la bouche.

C'est alors que Mélusine a remarqué ma flûte. « Tu fais bien de la vendre, a-t-elle **persiflé**. Vu que tu en joues comme un pied ! Moi, je prends des cours de violon depuis que j'ai quatre ans et mon prof dit que je suis très douée. »

Du coup, j'ai attrapé ma flûte et j'ai soufflé dedans. Mélusine s'est bouché les oreilles et elle a reculé en titubant.

Mais j'ai continué à jouer.

Tout d'un coup, il s'est produit un phénomène **ÉTRANGE**.

Le carton a craqué. Les lapins se sont tous sauvés et ils se sont rués vers Mélusine.

Deux cents lapins ! La cata !

Mélusine a fait volte-face et elle s'est enfuie. Elle a empoigné son vélo, est montée en selle en catastrophe et elle s'est mise à pédaler comme une dératée.

Dans son dos, le sticker jaune luisait comme un feu tricolore. --->

Et les lapins la pourchassaient en sautillant !

Charlie et moi, on aurait dû leur courir après, mais on riait tellement fort qu'on n'arrivait plus à bouger.

J'en avais MAL AUX ABDOS.

Seule Chanel a réagi.
Elle a dévalé la rue en hurlant,
mais trop tard : les lapins
avaient déjà filé.

Sauf **Déglingo**, bien sûr, qui avait du mal à sauter. Il était au beau milieu de la route.

Et un bus arrivait. J'ai dû aller le secourir.

Quant à Charlie, elle voulait aider sa petite sœur, mais peine perdue : dès qu'on se regardait, on se remettait à rigoler comme des baleines. Pas moyen de faire quoi que ce soit !

C'est ainsi que nous avons perdu **tous nos lapins**, à l'exception de **Déglingo**.

Au bout d'un moment, il a fallu que je rentre à la maison. Charlie voulait que j'emporte **Déglingo**, mais j'ai refusé.

Pourtant, je commençais à le trouver craquant, couché sur la pelouse à brouter tranquillement une feuille de pissenlit.

Mais maman a dit non.

Finalement, Charlie l'a pris dans ses bras et elle l'a caressé en lui disant qu'il allait rester chez elle et Chanel.

Comme ça, au moins, il leur resterait **un lapin**, vu que tous les autres s'étaient enfuis.

J'ai repris ma flûte et mon sac à dos et je me suis mise en route. Au coin de la rue principale, il y avait une boîte aux lettres.

La flûte passait tout juste par la fente.

SAMEDI 11 SEPTEMBRE

Youpi ! C'est le week-end !

Deux jours entiers sans
Gisèle Duprout et
Mélusine de Perthuis !

Ce matin, j'ai été réveillée par un drôle de bruit. Une sorte de **grondement**.

Quand j'ai regardé par
la fenêtre, j'ai vu papa. -------->
Debout sur la terrasse,
il brûlait les mauvaises herbes
avec un **lance-flammes**.

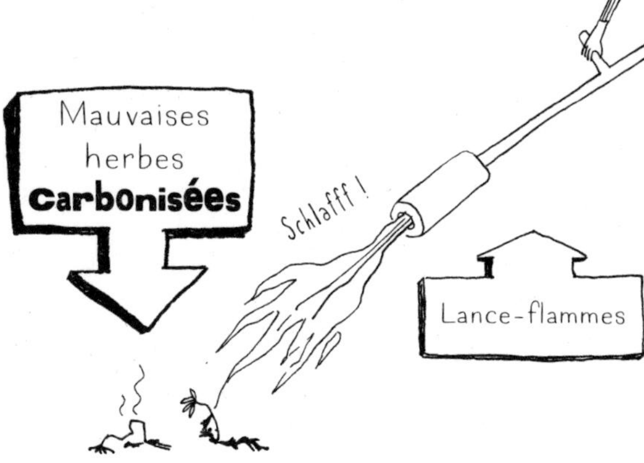

Ça, c'est papa tout craché !

Moi, je n'ai pas le droit d'avoir un lecteur MP3 parce qu'il prétend que ça **bousille** les oreilles.

Mais lui, il s'offre toujours des gadgets incroyables !

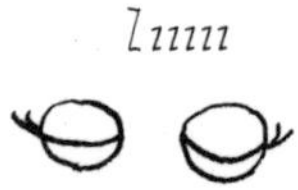

Je me suis recouchée et rendormie.

Un peu plus tard, j'ai été réveillée par les cris de maman. 

Sa jardinière en bois et son **BANANIER AFRICAIN** commandés au téléachat étaient en flammes.

Abel et Elio sautaient autour du brasier comme deux **diablotins**, ravis.

BANANIER AFRICAIN
+ jardinière en flammes
Hiiii !
Youpi !
Hop !
Clac !

La fois d'après, c'est les pleurs des jumeaux qui m'ont réveillée. Apparemment, leur **TIPI** avait brûlé.
Je me suis levée.

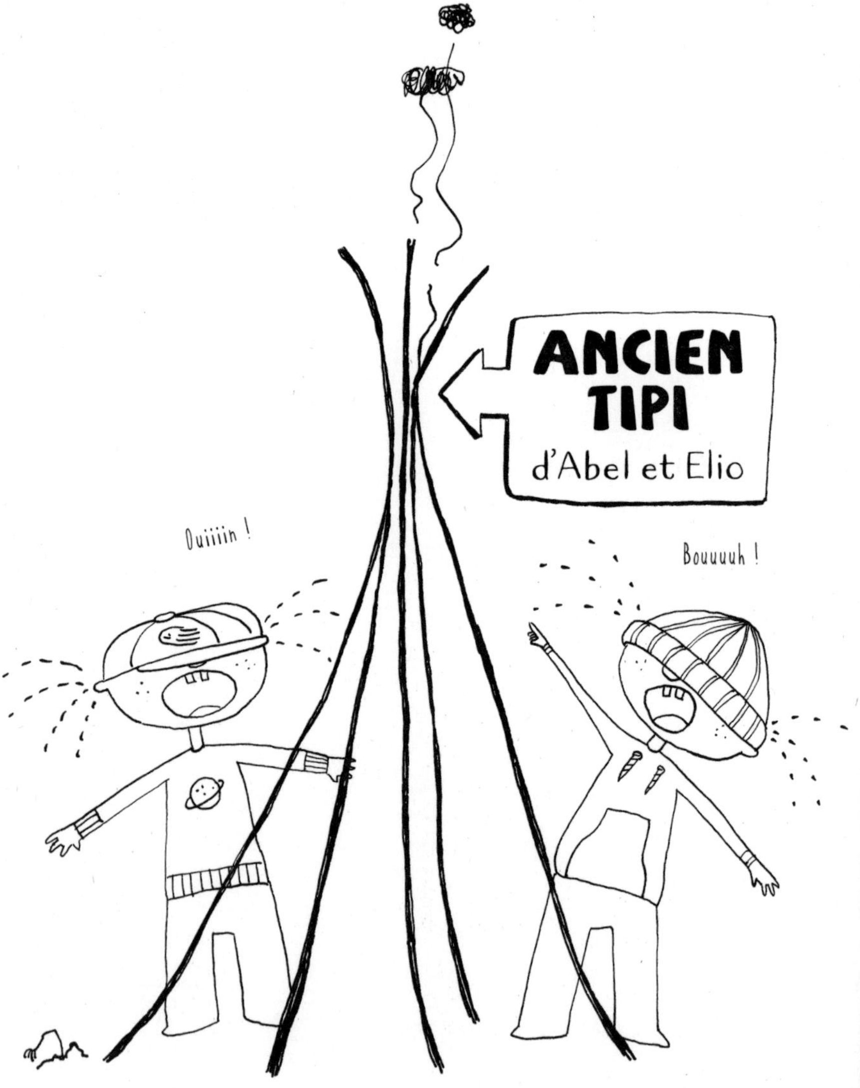

Quand le facteur est passé, j'étais déjà habillée. Je prenais mon petit déjeuner. C'est rare que je reçoive du courrier mais, cette fois, le facteur avait quelque chose pour moi. Et vu la façon dont maman claquait des talons, ça ne présageait **rien de bon**.

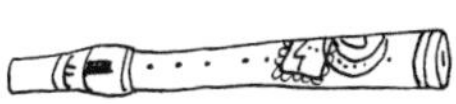 C'était… ma flûte !

Maman l'a posée devant moi si brusquement que mes grains de riz soufflé au chocolat en ont bondi hors de mon bol. Maman a exigé des explications. Mais franchement, j'étais aussi perplexe qu'elle ! Et même un peu **effrayée**. Comment la flûte m'avait-elle retrouvée ? On n'avait pas pu me la renvoyer, vu que je n'avais pas écrit mon adresse dessus ! Ça ne tenait pas debout.

Cet après-midi, Charlie est passée me proposer de l'accompagner à la fête foraine. Bien sûr, j'ai accepté ! La fête foraine, c'est trop bien ! Dommage que ce ne soit que deux fois par an.

Maman m'a donné dix euros et on est parties.

Dix euros ! C'est vraiment pas beaucoup. Tout est super cher à la **fête foraine** ! Heureusement, Charlie avait un billet de **cinquante** euros.

Je lui ai demandé où elle l'avait trouvé. Elle a prétendu que sa mère le lui avait donné. Franchement, **ça m'étonnerait !** C'est vrai que la maman de Charlie est moins radine que la mienne, mais cinquante euros, quand même ! Alors Charlie m'a expliqué. En fait, sa mère ne lui avait pas exactement donné le billet, mais elle avait laissé traîner son porte-monnaie ouvert sur la table de la cuisine.

« C'était clairement une invitation à me servir ! » a affirmé Charlie.

J'ai ressenti comme un petit **malaise**. Quand mes parents à moi laissent traîner leur porte-monnaie, ouvert ou pas, ça ne veut PAS dire *« sers-toi, mon enfant »*.

Mais j'ai préféré ne plus y penser. Après tout, on avait plein de sous pour s'amuser à la fête foraine !

Comme on était samedi, c'était noir de monde et super bruyant, et il flottait dans l'air un tas d'odeurs délicieuses.

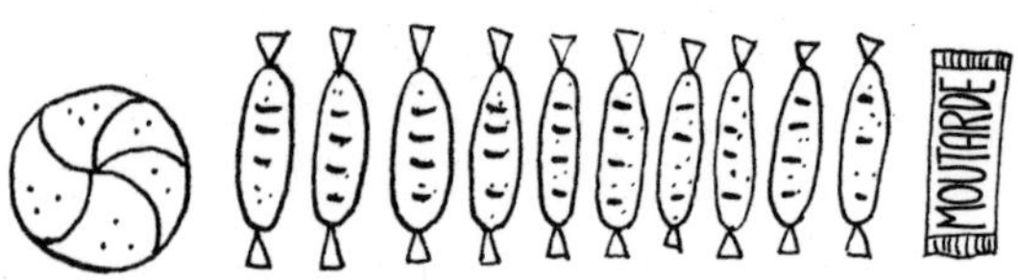

Pour commencer, Charlie s'est acheté **dix petites saucisses grillées**. Moi, je n'ai rien pris parce que j'avais bien mangé au déjeuner.
Après, on a fait un tour de KILLER.

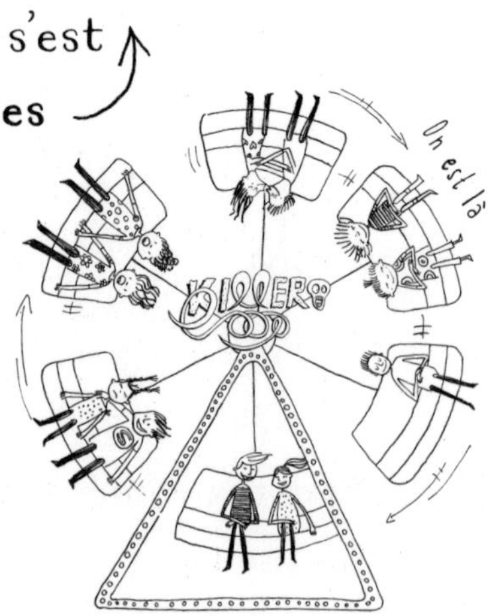

En descendant du manège, on avait **HYPER MAL** au cœur. Charlie en a vomi ses dix petites saucisses grillées.

Même qu'après, elle voulait se plaindre aux responsables du KILLER qui nous avaient laissées monter alors qu'on a moins de douze ans.
« Ils doivent nous rembourser ! » a-t-elle dit.
Mais finalement, elle ne l'a pas fait.

À la place, on s'est acheté des billets de LOTERIE. On joue toujours à la loterie quand on va à la **fête foraine**, même si d'habitude, on ne gagne que des **chauves-souris en caoutchouc** et des **dents de vampire en plastique**. On n'a encore jamais rien gagné **d'intéressant**. Mais, cette fois, c'était différent. Sur mon billet, il y avait écrit **PREMIER PRIX !!!** Le prix, c'était un **panda géant**, presque aussi grand que moi ! Une peluche comme ça, j'en rêvais depuis longtemps.

Charlie en était presque FÂCHÉE.
D'abord, le coup du vomi,
et maintenant je raflais
le **PREMIER PRIX** !

Quand on est reparties, tout le monde
nous jetait des regards ENVIEUX
parce que je tenais dans ma main le
panda géant. Ou plutôt dans mes bras.
Il était **tellement gros**
que j'avais du mal à le porter !

Ensuite, on a mangé une **glace**.  Enfin, moi, j'ai essayé. C'était compliqué, vu que j'avais les mains prises. Charlie m'a un peu aidée, mais, assez vite, elle a dû finir mon cornet toute seule parce que ça dégoulinait.

Je commençais à avoir mal aux bras.
J'avais l'impression qu'ils devenaient de plus en plus longs.

En plus, je transpirais, parce que **M. Panda** me tenait super chaud.

J'ai dit à Charlie qu'il fallait que je m'assoie de toute urgence.

Charlie a **proposé** qu'on aille s'asseoir dans le **grand huit**.

Bonne idée !
On y est allées
et on a acheté
les billets.

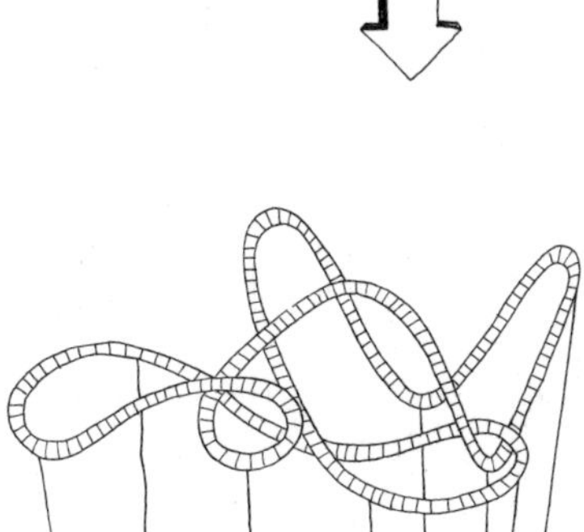

Hein ? Qu'est-ce qu'on était censées faire ? On n'allait quand même pas le laisser à la caisse ! Qui l'aurait surveillé ? On nous l'aurait **volé !**

Alors, la dame m'a dit que je devais lui acheter un billet plein tarif, puisqu'il occuperait un siège entier. 

Du coup, ça m'aurait coûté six euros.

Et il ne me restait plus assez d'argent. Mais Charlie a été trop sympa : elle m'a invitée.

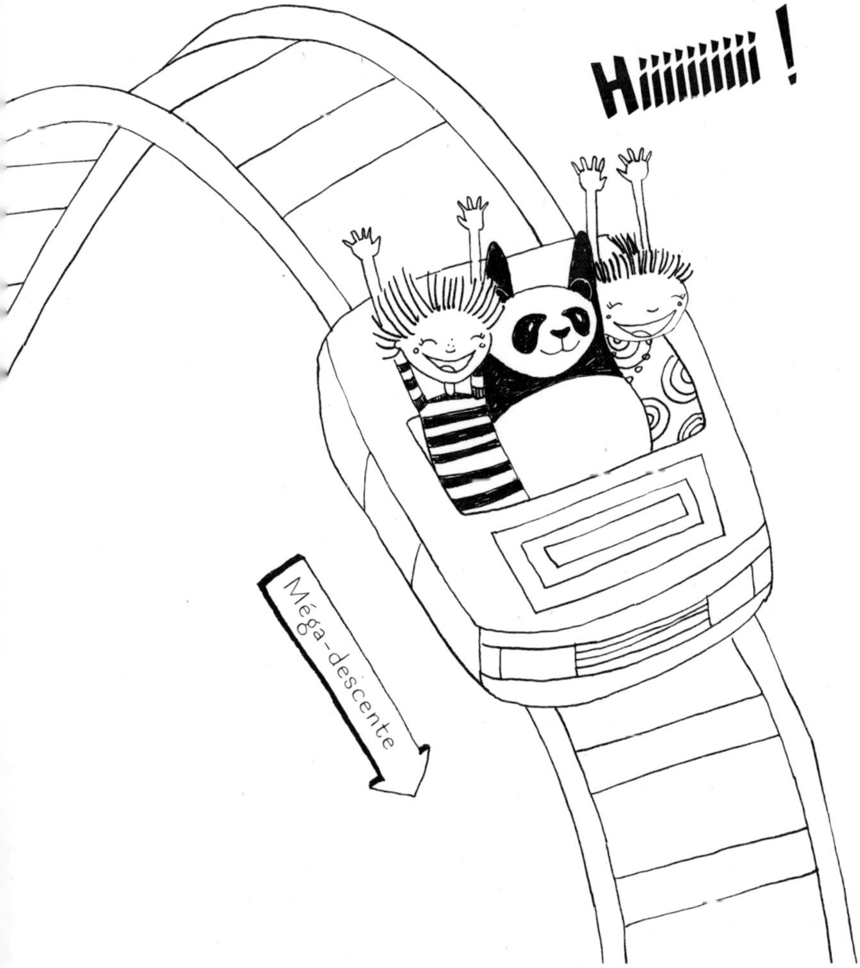

Elle a même acheté tout plein de billets, parce que d'après elle, un tour de grand huit, c'est toujours trop court. On s'est assises côte à côte, on a calé **M. Panda** entre nous, et on a fait **quatre tours** d'affilée ! À chaque descente, on levait les bras et on hurlait.

C'était presque comme si on volait. Quand on est descendues du manège, on avait les cheveux tout ébouriffés. Seul M. Panda avait la même allure qu'avant.

Après, Charlie a eu envie d'essayer le BRAIN BLASTER, mais M. Panda et moi, on a préféré l'attendre sur un banc. Il faisait beau, il y avait plein de bruit et une ambiance de fête et, quand ils me voyaient avec M. Panda, les gens me souriaient.

Et ça sentait bon la praline. Ça m'a donné faim.

Quand Charlie est descendue du BRAIN BLASTER, elle a acheté un cornet de pralines. Et puis des sucres d'orge, des sucettes, des bracelets de bonbons, des biberons remplis de dragées et un paquet de gaufrettes. Après, on est rentrées à la maison.

Charlie m'a donné des pralines pendant que je portais M. Panda. Quand j'ai été trop fatiguée, on a échangé. Je lui ai fourré tellement de gaufrettes et de dragées dans la bouche qu'elle a attrapé le fou rire.

Elle en crachouillait sur M. Panda. Et ça, ça nous a fait encore plus rigoler !

Charlie m'a raccompagnée jusqu'à la maison. Elle m'a fait cadeau des dernières pralines , d'un bracelet de bonbons 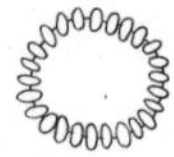 et d'un biberon 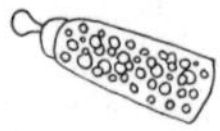 de dragées.

J'ai sonné à la porte 

et, quand papa m'a ouvert, je lui ai présenté M. Panda.

Bien sûr, il n'a pas pu s'empêcher de raconter des sottises, comme quoi ça tombait bien, parce que le camion de la déchèterie passait justement lundi, etc. Mais je m'en fichais ! 

Je suis allée montrer M. Panda aux jumeaux pour les rendre **jaloux**. Ils ont fait une de ces têtes !

Bon, Elio a prétendu que les pandas géants, c'était débile, et mille fois moins bien que les chimpanzés. Et Abel m'a fait remarquer que M. Panda avait un trou dans le derrière et qu'il faisait un CACA BOUDIN.

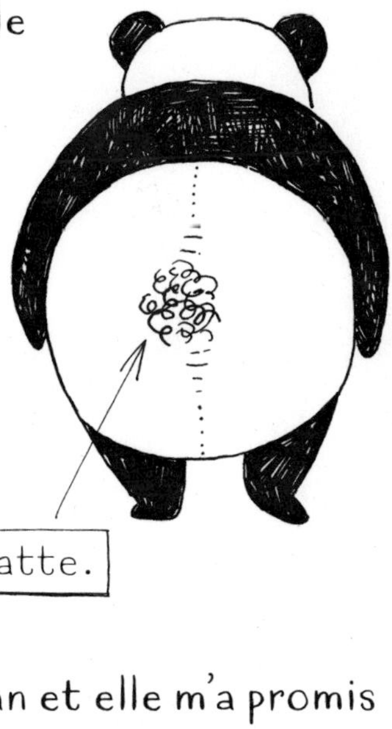

Je me suis empressée de vérifier. La couture avait craqué ! Même qu'il perdait son rembourrage, une sorte de mousse qui gratte.

J'ai montré M. Panda à maman et elle m'a promis de le recoudre quand elle aurait le temps.

Plus tard, j'ai dû faire mes exercices de flûte.

AaarGh ! J'en ai trop marre De ces fichus exercices De flûte !

En plus, chaque fois que je joue de la flûte, il se passe des trucs ***bizarres***.

J'ai emporté **M. Panda** dans ma chambre et je l'ai installé sur mon lit avec Helga et mes autres peluches.

Helga, c'est ma brebis de combat. On me l'a offerte quand j'étais tout bébé. Comme ses cornes sont cousues tout de traviole, papa a prétendu qu'elle portait un casque de viking. Du coup, il l'a baptisée Helga, la Brebis de Combat.

Ce n'est que des siècles plus tard que je me suis rendu compte qu'il ne m'avait pas demandé mon avis. En fait, j'aurais très bien pu lui donner un joli nom de mouton,

comme Missy ou Daisy.

Helga et M. Panda sont plutôt gros. Ils prennent toute la place dans mon lit.

J'ai laissé ma porte ouverte pour que tout le monde en profite, puis j'ai attrapé ma flûte et j'ai soufflé dedans.

Il en est sorti des **sons atroces**, ainsi qu'un peu de **salive**.

Et un nouveau phénomène bizarroïde s'est produit !

M. **Panda** a saisi Helga avec une patte et le vautour en peluche que j'ai eu au Bird Park avec l'autre.

Et il les a plaqués sur ses oreilles. Mais, comme Helga est une brebis de combat, elle s'est débattue en bêlant à qui mieux mieux.

Alors M. **Panda** l'a jetée sur le lit et à la place, il a pris Floppy, mon doudou-chien.

J'ai immédiatement cessé de jouer et j'ai observé mes animaux. Mais ils se comportaient de nouveau comme des peluches ordinaires.

Cette fois-ci, c'est clair : **je dois absolument me débarrasser de ma flûte !** Sinon, il va finir par m'arriver une **catastrophe !** (˙_˙)

J'ai commencé par la fourrer dans mon placard, tout au fond, derrière les chaussettes de ski, et j'ai fermé la porte à clé.

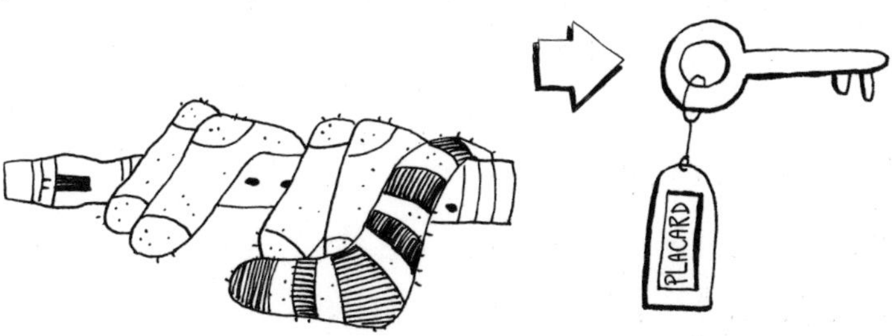

DIMANCHE 12 SEPTEMBRE

Aujourd'hui, je suis allée chez Charlie et je lui ai offert **M. Panda**. Elle était super contente.

Dans la chambre de Charlie et Chanel, un **panda géant** de plus ou de moins, ça ne change pas grand-chose : il y a tellement de bazar qu'on ne voit plus le sol !

Pour me remercier, Charlie aurait bien aimé me donner un sucre d'orge  ou une sucette,  mais Chanel et elle les avaient déjà tous mangés !

LUNDI 13 SEPTEMBRE

Et voilà, Mme Duprout a refait des siennes ! Aujourd'hui, on a dû décrire un animal. Vous ne devinerez jamais lequel !

Le **panda** !  Je m'y connais bien en panda, maintenant.

J'ai écrit que les pandas étaient allergiques au son de la flûte à bec. 

Et que parfois, ils se déchiraient au niveau de la raie des fesses.

Malheureusement, Mme Duprout ne comprend rien aux pandas ! Elle m'a grondée et ordonné de refaire le devoir à la maison. C'EST PAS JUSTE ! 

Cette **DinDe** de Mélusine était morte de rire. Je crois que ces derniers temps, elle ne m'aime pas beaucoup. Il faut dire que je l'ai appelée **Pue-l'usine** sans faire exprès.

Tant pis si elle ne m'aime pas. Moi non plus, je ne l'aime pas ! Seulement aujourd'hui, elle a fondé un club de filles, et toute la classe veut en faire partie. Seules Charlie et moi en avons été exclues.

Mais, à la récré, Charlie a dit : « On s'en fiche, on n'a qu'à fonder notre propre club ! »

Super idée !

MERCREDI 15 SEPTEMBRE

Charlie a trop de chance !

Elle a la belle vie !

1. **Pas de père** constamment sur son dos.

2. **Pas de petits frères !!!**

3. Une **télé** dans sa chambre (et même une **Wii !**).

4. Un **portable** qui prend des super photos.

5. Un **lecteur MP3**.

6. Le **droit de regarder** à la télé, le lundi à 20h15.

Moi, devinez un peu où je suis le lundi soir à huit heures et quart. Gagné : **Dans mon lit !** Pourtant, j'aimerais bien regarder ----> moi aussi. **Au moins une fois !!!**

Mais, d'après maman, j'ai besoin de repos, et d'après papa, cette émission est débile et il n'est pas question qu'on la regarde.

C'est nul  que les parents aient le droit de tout décider à notre place !

En plus, c'est même pas vrai que c'est une émission débile. Charlie, elle m'en parle souvent et ça a l'air **trop marrant** !

Les téléspectateurs filment leurs animaux de compagnie en train de faire des **trucs idiots**.

Ensuite, ils envoient leur vidéo à la chaîne de télé et, si elle est diffusée, ils gagnent cent euros.

Cent euros ! J'en aurais bien besoin, moi.
Pour m'acheter un animal, bien sûr.

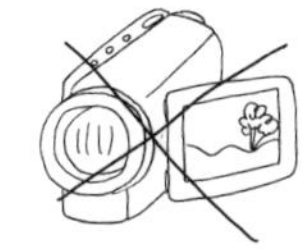

Malheureusement, on n'a pas de caméra à la maison et les portables de mes parents, on ne peut pas filmer avec.

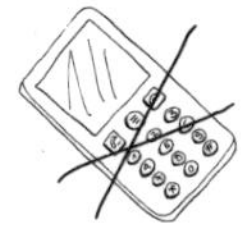

Tout ça à cause de papa. Côté technologie, il vit encore à l'**ÂGE DE PIERRE**. Il trouve que le magnétoscope est une invention MERVEILLEUSE.

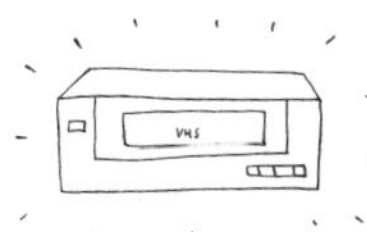

J'ai proposé à Charlie qu'on filme des animaux ensemble avec son téléphone.

Cet après-midi, après les devoirs, on s'est mises au travail. Charlie a emporté son portable  (il fait des vidéos) et moi, j'ai pris ma flûte, parce que je comptais toujours m'en débarrasser. 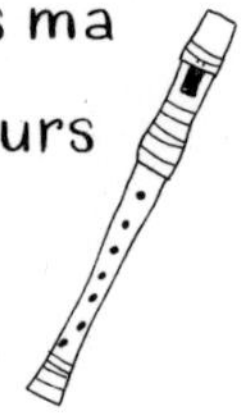

D'abord, on est allées traîner devant l'immeuble de Charlie, près du local à poubelles.

Pourquoi ? Parce que, d'après Charlie, on y voit parfois des rats. Mais pas de chance : ce jour-là, on n'a vu que des araignées  et des cafards  **DÉGOÛTANTS**.

De toute façon, les rats, je ne trouve pas ça super rigolo.

J'adore la plupart des animaux... mais pas tous. Il y en a quelques-uns que **je ne voudrais jamais chez moi !** Comme :

1. Les araignées. 

2. Les rats.  ← - - pas rigolo

3. Les bestioles raplaplas 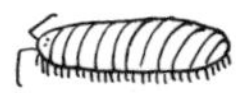 qui grouillent sous les jardinières de maman.

4. Les grenouilles à verrues. → 

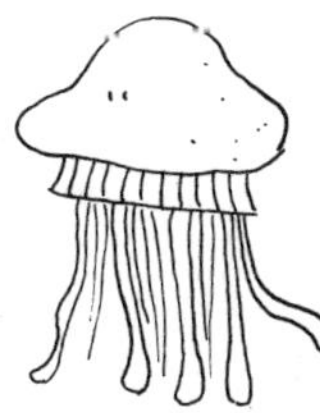

5. Mehdi la méduse (c'est un des personnages de Chipie la Chipo).

6. Tout ce qui **grimpe sur les jambes des gens** quand on crapahute dans les buissons. 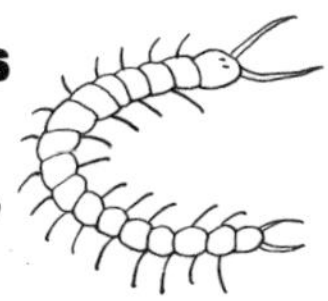

7. Tout ce qui **pique** ou qui est **venimeux** ou qui **mord** sans raison. 

8. Les animaux qui font semblant d'être morts (comme **Esther**).

9. Les rats-taupes nus (j'en ai vu une fois à la télé. Berk, trop bizarre !). 

Après, on est allées faire un tour du côté du nouveau lotissement. Là, on est tombées sur

un **chat**. Charlie a voulu qu'on le suive. Elle était persuadée qu'il allait faire des trucs **marrants**.

Raté ! Le chat se promenait tranquillement, c'est tout. Puis il est entré dans un garage privé et il s'est faufilé dans la maison par la chatière.

Pff ! Aucun intérêt. 

Charlie et moi, on est restées plantées là.
On ne savait pas quoi faire.
« Comment on appelle un chat à deux bosses ? » m'a lancé Charlie.

 Hein ? Quelle drôle de question ! Elle s'est mise à pouffer. « Un chat-meau ! »

Ha ! Ha ! Ha ! Ha ! Ha !

 Je me suis mise à rire à mon tour. Mais quand Charlie m'a ordonné de suivre le chat à l'intérieur, ça m'a coupé l'envie de rire.
« Pourquoi moi ? » ai-je demandé. 

« Ben, à ton avis ? m'a rétorqué Charlie. Comme tu viens seulement d'avoir dix ans, t'es nettement plus petite et plus mince que moi ! Moi, je ne passerais pas par le trou. »

C'était vrai, bien sûr. Je me suis donc glissée dans la maison par la chatière. Enfin, j'ai essayé. Parvenue au milieu, je suis restée **coincée**. Ça bloquait au niveau du ventre.

D'abord, j'ai eu un peu **peur** que les habitants de la maison arrivent à ce moment-là. Je ne crois pas qu'ils auraient été ravis de me trouver coincée dans leur chatière.

Mais après, j'ai surtout eu très **peur** de ne jamais réussir à ressortir !

Je me suis mise à **hurler**. Heureusement que Charlie était là ! Elle m'a tirée par les jambes. Mais pas avant de m'avoir laissée crier un bon moment ! Puis, quand elle a commencé à tirer, j'ai continué à crier parce que ça faisait un **mal de chien**.

La chatière était tellement étroite qu'elle me râpait partout : le ventre, les côtes et les bras. C'est à ce moment-là qu'elle m'a tendu son portable.

Elle m'avait filmée, coincée dans la chatière, en train de hurler et de me tortiller.

D'après Charlie, la vidéo est tellement drôle qu'elle mérite d'être envoyée à l'émission

C'est vrai que c'était marrant, alors j'ai ri à mon tour (même si j'avais l'impression de m'être un peu **cassé les côtes**).

Quand on s'est calmées, on est sorties du lotissement. Tout le long du chemin, on parlait de ce qu'on allait faire avec les cent euros.

Charlie voulait s'acheter
un **robot-dinosaure**
télécommandé.

Ou alors un **waveboard**.

On est passées devant une charcuterie.
Comme Charlie avait un petit creux,
elle a décidé de s'acheter deux saucissons.
Elle m'a proposé d'en acheter un
troisième pour moi, mais j'ai dit
non merci. Je l'ai quand même
accompagnée à l'intérieur.

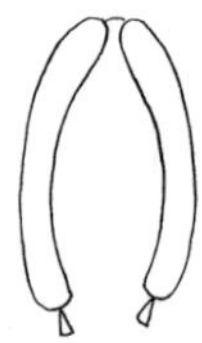

Et j'ai eu une **idée de génie**.
C'était l'occasion rêvée ! J'ai sorti
ma flûte de mon sac à dos... je me
suis approchée de la vitrine pleine
de saucissons et de salamis...

Quand la vendeuse a eu le dos tourné, vite,
vite, j'ai glissé la flûte entre deux boudins !

Charlie s'est acheté ses saucissons et on est sorties du magasin. Charlie a immédiatement déballé son casse-croûte. Surprise ! Il n'y avait qu'**un seul** saucisson dans le papier.

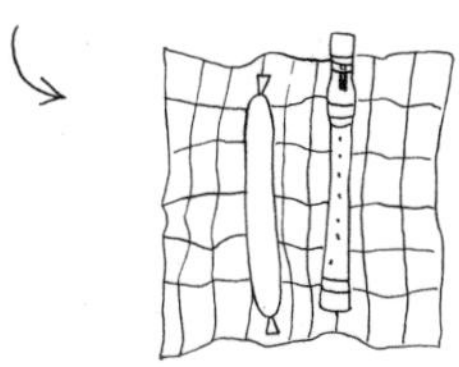

Et, à côté, ma flûte indienne.

JEUDI 16 SEPTEMBRE

Aujourd'hui, on était vraiment décidées à tourner notre vidéo.

D'abord, on a réfléchi à quel animal on allait pouvoir filmer. J'ai tout de suite pensé à **Polly**, →  mais réflexion faite, ça ne me paraissait pas une super idée. 

Le cacatoès →  de Mme Bonnebrise aussi, il est chouette, mais elle ne nous le prêtera jamais. Charlie a dit qu'elle allait quand même sonner chez elle pour le lui demander.
J'ai trouvé ça super courageux - -> de sa part. Mme Bonnebrise, Charlie ne la <u>connaît</u> même pas !

Je me suis cachée derrière une poubelle pour ne pas que Mme Bonnebrise me voie en ouvrant la porte. Pas de chance : elle m'a vue quand même par la fenêtre du premier étage. Bien sûr, elle a refusé de nous prêter Polly. Elle s'est contentée de PASSER UN SAVON à Charlie.

En fond sonore, Hannibal hurlait. Mais alors super fort, comme si quelqu'un essayait de le zigouiller. Il me faisait trop de peine, le pauvre. On dirait que ça ne s'arrange pas, sa **constipation** !

« Pfff, **quelle vieille bique !** » a lâché Charlie quand elle m'a rejointe. Et elle a ajouté un tas d'autres mots plus grossiers (même que je n'en connaissais pas la moitié).

Mme Bonnebrise ne sait pas ce qu'elle rate ! Grâce à nous, Polly aurait pu devenir une star de la télé. Pas grave. Au parc, il y a toujours plein de chiens très faciles à filmer.

À peine arrivées, on en a repéré deux. Des carlins, **trop mignons**, et **rigolos**, en plus. Ils étaient parfaits pour notre vidéo !

« Regarde, c'est *LUI !* m'a chuchoté Charlie. Il est trop beau. »
Il y avait un chien **noir** et un chien blanc.
Je lui ai demandé duquel elle parlait.
Mais Charlie ne parlait pas des chiens.
Elle parlait du garçon qui les promenait :
Casimir, le frère de Mélusine.

Charlie lui a fait coucou mais Casimir ne l'a pas vue : il s'occupait des chiens.

Ils étaient en train de s'enfuir. « Baron ! Lady ! Au pied ! » leur a crié Casimir. Mais Baron et Lady ne l'ont pas écouté. Ils se sont précipités vers Charlie, puis ils se sont mis à sauter et à couiner et à lui faire la fête, ravis.

J'étais même un peu **jalouse**. J'aurais bien aimé qu'ils me fassent la fête, à moi aussi. Charlie les a caressés. Les chiens s'agitaient de plus en plus. Ils reniflaient comme des petits fous. Trop chou !

Casimir a traversé la pelouse en courant, la laisse à la main. Un troisième chien, **hirsute** et court sur pattes, se ruait vers Charlie. Il lui a sauté dessus et a même essayé de mordre sa robe. Elle a reculé de quelques pas.

C'est alors qu'un caniche tout pomponné a surgi comme une fusée d'un parterre de fleurs. Je n'étais plus jalouse. Mais alors plus du tout !

Charlie a tourné le dos aux chiens et elle s'est sauvée en courant.

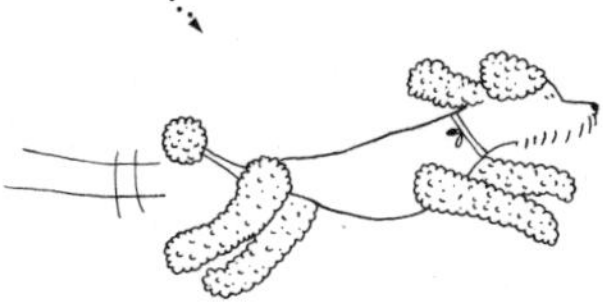

Entre-temps, Casimir était arrivé à ma hauteur, et franchement, je ne voyais pas ce que Charlie lui trouvait. Il avait les cheveux trop longs et l'air **furibond**.

Il s'est élancé derrière les chiens et je lui ai emboîté le pas. On galopait derrière Charlie et les toutous. C'est là qu'on s'est fait doubler par un gigantesque schnauzer qui fonçait droit sur ma copine. Il aboyait, tout content.

Charlie était arrivée au bord de l'étang.
Elle était coincée ! Les chiens l'ont assaillie en jappant, en couinant, en aboyant et en lui bavant dessus.

Soudain, un berger allemand est apparu à son tour entre les buissons. Pour Charlie, c'en était trop : elle s'est jetée dans l'étang.

Hélas ! Les chiens l'ont aussitôt imitée !

« Au secours !
Je ne sais pas nager »
a gargouillé Charlie en s'enfonçant dans l'eau.

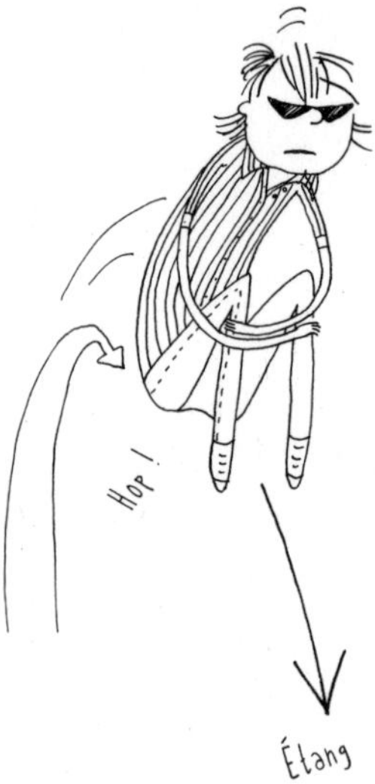

Casimir a dû aller la sauver. Quand il a sauté dans l'étang avec sa belle chemise, il avait l'air plutôt ÉNERVÉ.

Et ça ne s'est pas arrangé quand il a constaté que l'étang était en fait une mare et que Charlie avait pied.

Il l'a quand même rapportée sur la berge. Charlie était sur un nuage. Elle a dit à Casimir qu'il lui avait sauvé la vie et que, pour le remercier, elle l'invitait au cinéma. Mais il s'est contenté de marmonner « non, merci ».

Et ils sont restés plantés là à regarder la horde de chiens se baigner dans la mare.

De temps en temps, Casimir sifflait et appelait Baron et Lady. En dégoulinant doucement.

Tout d'un coup, Charlie a paniqué et s'est mise à **FARFOUILLER** dans la poche de sa robe.

Par chance, il n'y avait pas de portable dans sa poche. Seulement un sachet de chez Burger Paradise, avec un demi Mégaburger tout détrempé à l'intérieur.

« Ah ! Je comprends mieux pourquoi tous ces chiens me couraient après ! » s'est exclamée Charlie, radieuse.

« Ils avaient flairé mon burger. » Et elle a mordu dedans. Alors qu'il avait l'air tout spongieux. 

Ce jour-là, on n'a plus rien filmé, et pour cause : en fait, Charlie avait oublié son portable à la maison.

De toute façon, on n'avait plus envie de faire des vidéos d'animaux. Finalement, ce n'était pas aussi marrant qu'on le pensait.
J'ai eu une meilleure idée.
On n'avait qu'à faire un truc **rigolo** avec ma **flûte indienne** !

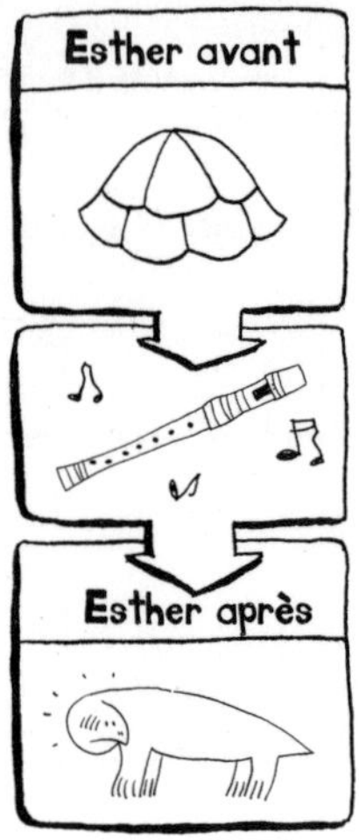

J'ai raconté à Charlie que ma flûte n'était pas une flûte ordinaire et que c'était sa faute s'il m'arrivait toujours un tas de trucs **bizarres**.

« Moi aussi, je sais faire un truc trop bizarre ! a affirmé Charlie. J'arrive à faire bouger mes oreilles. Regarde ! »

J'ai regardé. Elle a fait un tas de **grimaces**, mais ses oreilles **n'ont pas bougé** d'un poil.

VENDREDI 17 SEPTEMBRE

Depuis qu'on a renoncé à tourner notre vidéo, je ne veux plus d'animal de compagnie.
Y en a marre des animaux !
Je préférerais avoir un **portable** comme celui de Charlie.

Comme je suis de nature prévoyante, j'en ai tout de suite informé papa.
Après tout, dans trois mois, c'est Noël !

J'aurais mieux fait de me taire. Aussitôt, Papa m'a raconté qu'à mon âge, son frère et lui se téléphonaient avec deux **pots de yaourt** reliés par un fil.

Ils se plaçaient dans un pré et Gérard criait « Allô, Philippe ? », puis papa répondait « Allô, Gérard ! ».

Évidemment, Abel et Elio ont trouvé ça génial et ils se sont immédiatement mis à fabriquer leur propre téléphone avec des pots de yaourt.

Dans celui d'Abel, il restait un peu de **yaourt à la framboise**. Du coup, il n'entendait pas très bien Elio à l'autre bout du fil. « Salut, prout de singe ! » a-t-il hurlé, du yaourt plein l'oreille.

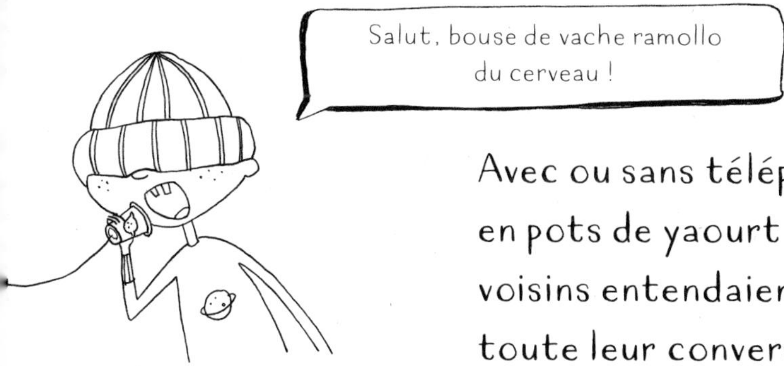

Avec ou sans téléphone en pots de yaourt, les voisins entendaient toute leur conversation. Le soir, quand les jumeaux sont allés se coucher, Elio et Barnabé le chimpanzé ont reçu un petit coup de téléphone. Barnabé, il a les bras super super poilus. Pratique pour y glisser un pot de yaourt vide en dessous ! Et le fil était tellement long que j'ai pu me cacher dans la salle de bains avec l'autre pot.

Ma blague a fonctionné à merveille. Elio s'est réveillé en hurlant comme un cochon qu'on égorge.

J'ai filé dans ma chambre et je me suis glissée sous la couette, mais je me suis fait gronder quand même. C'EST PAS JUSTE !

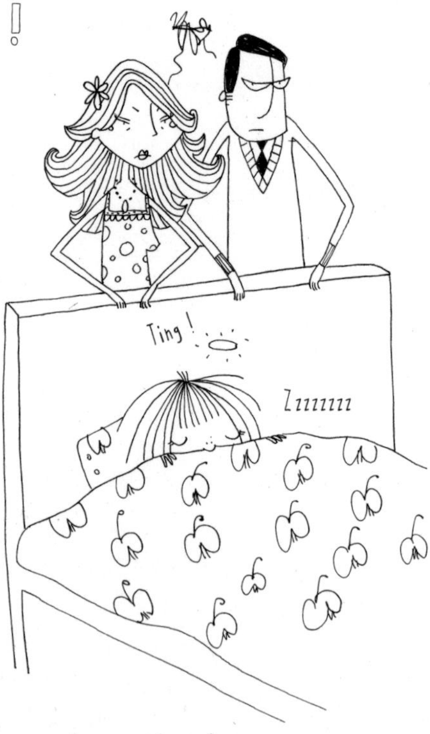

Pff ! Le coup du téléphone en pots de yaourt, c'était même pas mon idée !

DIMANCHE 19 SEPTEMBRE

Aujourd'hui, maman mijotait quelque chose. Ce matin, elle a passé un moment à faire des messes basses au téléphone, puis elle s'est enfermée dans la cuisine avec papa pendant des siècles et ensuite, elle a repassé un coup de fil à je-ne-sais-qui.

Quand je lui ai demandé ce qu'elle manigançait, elle m'a fait un sourire mystérieux, comme si elle me préparait une surprise.

J'étais excitée comme une puce. Peut-être que ça avait un rapport avec le **portable** de mes rêves !

Un peu plus tard, j'ai voulu aller chez Charlie, mais papa m'a dit qu'il valait mieux que je reste à la maison parce qu'on attendait quelque chose. Quelque chose qui allait énormément **me plaire**. Moi, je n'y tenais plus. J'avais trop hâte.

C'était encore pire qu'attendre Noël !

Comme je ne savais pas comment tuer le temps, je suis allée voir ce que faisaient les jumeaux. Ils étaient dans le jardin avec leurs doudous et jouaient aux SINGES DE L'ESPACE. Polisson le poisson-baleine, c'était l'**ENTERPRISE**, leur aquanavette.

Comme je n'avais rien de mieux à faire, je suis allée chercher Helga, la Cosmobrebis de combat. Et, ensemble, nos peluches ont sauvé l'humanité. Et même tout l'univers, pendant qu'elles y étaient.

AQUANAVETTE ENTERPRISE
LES SINGES DE L'ESPACE
Swish
Capitaine, on nous attaque !
Sortez les boucliers !
Princesse Clara
Lt. Elio
Lt. Abel
Cap. Barnabé
Helga, Cosmobrebis de combat
L'espace – l'ultime frontière. Voici les aventures de l'aquanavette ENTERPRISE et de son équipage...
... de cinq héros qui naviguent depuis 400 ans à la recherche de nouveaux mondes, de nouvelles civilisations et de nouvelles formes de vie.
LA CLOCHE-À-VIDE GLACIALE
L'ATROCE FONTAINE À CHOCOLAT
C'EST ENCORE UN COUP DE L'INFÂME
LORD DUCASK !
On doit l'anéantir ! L'humanité et l'univers tout entier dépendent de nous !
Déployez les lasers ! Activez le mode automatique ! FEU À VOLONTÉ !
À vos ordres, capitaine !
PIIOUUU !
BOUM !
Je sors les ratatiner !
CLAC !
VROUM !
PAF !
CRAC !
SAUVÉS !
HOURRA !
YOUPI !
YOUHOU !
Clap
Mais Lord Ducask a-t-il réellement dit son dernier mot ? Ou fomente-t-il déjà sa revanche ? L'odyssée de l'aquanavette Enterprise continue...

Après, j'ai encore attendu. PFFF, que c'était long ! Je commençais à avoir les nerfs en pelote, quand quelqu'un a sonné à la porte. ⇨ Ding-dong !
Évidemment, je me suis levée d'un bond et j'ai couru ouvrir la porte. Enfin, c'était mon intention. Mais j'ai eu un petit accident de parcours.

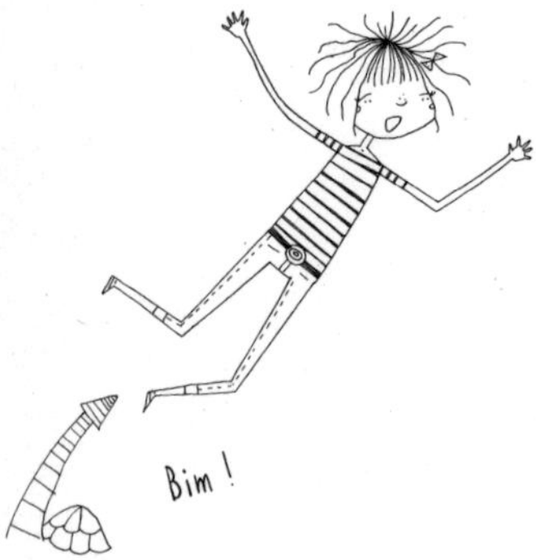

J'ai encore trébuché sur la carapace d'Esther, qui traînait par terre au milieu du salon. (Je vous parlerai d'Esther plus tard. Là, je n'ai pas le temps !!!).
Du coup, maman a atteint la porte d'entrée avant moi.

Un instant plus tard, un cri a retenti.
Comme quelqu'un qu'on essaie de zigouiller.
Puis j'ai vu maman revenir vers moi avec une gigantesque cage entre les bras.

Je n'en croyais pas mes yeux. C'était Hannibal, le perroquet de Mme Bonnebrise, celui qui a des petits soucis digestifs !

Il hurlait à présent comme deux trains qui freinent à mort pour ne pas se rentrer dedans. Il doit être sacrément malade, le pauvre.

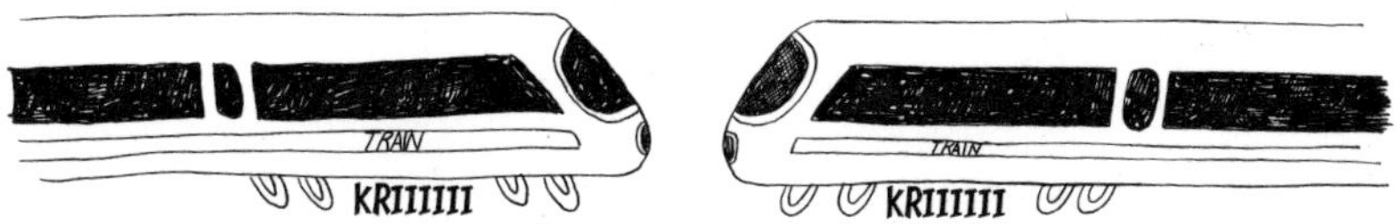

Derrière maman marchait une dame, c'était la fille de la voisine Mme Bonnebrise. Elle nous a expliqué que sa mère allait devoir passer au moins trois semaines à l'hôpital.

« Fracture de la cheville, déchirure du ligament externe... J'ai bien peur que ma mère ne remette pas de sitôt les pieds sur un court de tennis ! » a-t-elle conclu.

Puis elle m'a décoché un grand sourire et elle m'a remerciée d'accepter de prendre soin d'Hannibal aussi longtemps.

Maman m'a souri, elle aussi, et elle m'a dit que c'était l'occasion de lui prouver que j'étais assez mûre pour prendre soin d'un animal.

Papa, lui, ne souriait pas. Il m'a dit que si cette fichue bestiole faisait toujours autant de boucan, il m'était absolument interdit de la sortir de ma chambre jusqu'à la fin de son séjour chez nous.

Moi, je dévisageais Hannibal, transsie d'effroi.

Il m'a regardée et je crois qu'il a un peu souri sous ses jolies joues rouges. Alors j'ai glissé le doigt entre les barreaux de sa cage pour l'aider à s'habituer à moi...

Crac ! Il m'a **mordue**. Sans rire, j'avais un trou dans le doigt !  Puis il s'est remis à crier comme si on le torturait. **KROÂK !**

C'est décidé : demain, à la première heure, je l'emmène chez le véto. On va lui régler ses problèmes de santé une bonne fois pour toutes, à ce cacatoès !

Mélusine de Perthuis
frère de
Une fille de ma classe. → Je crois qu'elle est super riche.
Casimir de Perthuis
Le garçon le plus mignon du collège (d'après Charlie, en tout cas)
Animaux
Hannibal
Perroquet de →
Mme Bonnebrise et Polly
Notre voisine et son (adorable !) toutou
mes petits frères insupportables
Abel et Elio Carpentier
(Ils sont jumeaux)
Regarde les élèves méchamment par-dessus ses lunettes
Ma prof principale →
Mme Duprout